내 마음 살리기

Originally published in English under the title

OVERCOMING HINDRANCES TO FULFILLING YOUR DESTINY

by Os Hillman

Copyright © 2012 by Os Hillman

Published by Aslan Group Publishing,
3520 Habersham Club Drive,
Cumming, Georgia 30041, U.S.A.

내
마음
살리기

오스 힐먼 지음 | 배응준 옮김

규장

나는 여러 해 전에 우리 인생의 목적과 하나님의 자녀로서의 합당한 삶을 훼방하는 영적인 싸움이 매일 벌어진다는 걸 깨달았다. 사탄과 사악한 영들은 "성도 안에서 하나님의 기업"을 하나님께로부터 강탈하고 싶어 한다. 그렇다! 하나님의 기업은 성도 안에 있다. 당신과 내 안에 있다.

바울은 "너희 마음의 눈을 밝히사 그의 부르심의 소망이 무엇이며 성도 안에서 그 기업의 영광의 풍성함이 무엇인지 알게 되기를 구합니다"(엡 1:18)라고 기도했다. 하나님께서는 당신과 내가 죄의 용서와 영원한 생명을 받을 때뿐만 아니라 이 땅에 두신 우리에게 이루라고 명하신 목적을 우리가 제대로 이루어드릴 때 그분의 기업을 온전히 받으신다.

그렇다면 하나님을 미워하는 사탄이 가장 바라는 건 무엇일까? 장차 이 땅에서 당신의 삶이 끝날 때 하나님을 조롱하면서 "하하! 이 성도한테서는 아무 기업도 받지 못하셨군요. 이 사람은 이 땅에서 90년을 살았지만 하나님께서 이루라고 명하신 목적을 전혀 이루지 못했습니다"라고 비웃는 건 아닐까.

반대로 하나님께서 가장 기뻐하시는 건 무엇일까? "잘했도다, 내 자녀야! 네 인생을 향한 목적을 이루었고, 내 자녀로서 합당한 삶을 살았구나. 끝까지 달음박질하여 내가 명한 소명을 이루었구나. 나는 네 삶을 통해 내 기업을 온전히 받았다"라고 말씀하시는 거라고 생각 한다.

사탄은 하나님에게서 그분이 당신에게 받아 마땅하신 기업을 강탈 하고, 당신에게서는 하나님의 자녀로서 사는 합당한 삶을 강탈하고 싶 어 한다. 따라서 사탄과 어둠의 나라는 당신이 인생을 시작하는 시점 부터 하나님의 자녀로서의 합당한 삶을 살지 못하도록 방해한다. 특 히 사탄은 모든 것이 취약한 유년기에 우리를 속인다는 걸 깨달았다.

사실 사탄은 무가치함, 부적당함, 불안함, 버려짐 같은 어둠의 메시 지를 우리 마음의 가장 깊은 곳에 집어넣으려고 우리가 가장 신뢰하는 부모와 환경을 빈번히 이용한다. 어린아이가 자신이 무가치하고, 부적 당하고, 늘 혼자이며 그 누구도 자기의 필요를 채워주지 않을 거라고 느끼면, 아이의 정신과 정서에 엄청난 두려움과 불안과 동요가 일어난 다. 그러면 아이의 육체는 자신의 정신과 정서에 가짜 안도감과 평온 함을 선사하려고 무엇인가를 하기 시작한다.

성경은 "이미 그의 안식에 들어간 자는 하나님이 자기의 일을 쉬심 과 같이 그도 자기의 일을 쉬느니라"(히 4:10)라고 말한다. 나는 사탄 이 어떤 사람의 유년기에 정서적인 상처를 마음에 집어넣어 두렵고 불안하고 혼란스러운 감정을 지속시키면, 그가 성인이 되어서도 내적으로 쉬지 못하고, 자신의 삶에 가치를 부여하거나 결핍을 채우려고 애쓴다는 걸 알게 되었다.

그럴 때 사탄은 그의 마음을 이용하여 인생의 목적을 이루지 못하고, 하나님의 자녀로서 합당한 삶을 살지 못하도록 매우 계획적으로 훼방한다. 그래서 당신이 내적으로 쉬지 못하면서 삶에 가치를 부여하거나 필요한 것들을 채우려고 바쁘게 일하는 한, 하나님께서 당신을 통해 일하실 수가 없게 된다.

이 책에서 저자는 성인이 되어서도 여전히 사탄에게 속는 '기만의 유형'과 '자기 파괴적인 성격 장애의 유형'에 대해 기술한다. 그런 현상은 정확히 정신적, 정서적 차원의 내적인 쉼이 부족해서 나타나는 것들이다. 우리가 이런 상태에 처하면 사탄과 어둠의 나라는 우리 안에 숨겨진 장애물을 알지 못하게 막는다. 우리가 하나님의 자녀로서 합당한 삶을 살지 못하게 훼방하려고 계속 이러한 전투를 수행한다.

이 책은 당신의 삶의 어떤 영역에서 사탄이 어떻게 은밀하게 당신을 속여서 파괴적인 삶을 살게 하는지를 매우 명확하게 알게 해줄 것이다. 또한 저자가 밝히는 진실은 단순한 이론이나 가르침이 아니라 그가 살면서 깨닫고, 지금도 여전히 삶에 작용하고 있는 것임을 알게 해줄 것이다.

사도 요한은 요한계시록 12장에서 사탄과 어둠의 나라를 이기는 것에 관해 "우리 형제들이 어린양의 피와 자기들이 증언하는 말씀으로써 그를 이겼으니"(11절)라고 했다. 오늘날 성경에서 배운 원칙을 가르치면서 만족하는 교사들은 많지만 믿음의 길에서 체험한 개인적인 싸움과 승리와 실패를 기꺼이 털어놓는 사람들은 그리 많지 않다. 하지만 저자는 자신의 삶의 장애물을 극복해온 여정에 관해 매우 진솔하게 말한다.

이 책의 강점은 성경의 원칙을 가르칠 뿐만 아니라 그가 믿음의 길에서 부딪친 장애를 극복하기 위해 어떤 싸움을 했는지 솔직하게 간증한다. 누구에게나 추천하고 싶지만, 특히 자신의 역량과 그간에 성취한 일 뒤에 숨어서 진솔한 모습을 감추는 리더들에게 강력히 권하고 싶다.

하나님께서 이 책에 담긴 진리를 사용하시어 당신이 인생의 목적을 이루고, 그분의 자녀로서 합당한 삶을 사는 걸 막으려고 사탄이 설치해놓은 장애물들을 알게 하셔서 그것으로부터 당신을 자유롭게 해주시기를 기도드린다.

— 크레이그 힐, 국제가족재단(FFI) 대표

⋮

장애물을 넘어
자유한 삶을 위하여

가장 큰 선물

"25년에 걸친 연구 결과, 부부들이 직면하는 문제의 약 98퍼센트가 각자 11세 미만에 겪었던 유년기의 상처가 원인이라고 밝혀졌다." - 폴 헥스트롬(Paul Hegstrom, 가정폭력 치유 사역자) [1]

이 말을 처음 들었을 때 나는 충격을 받았다. 그러나 근거 자료와 내 경험을 곰곰이 생각한 후에 그것이 옳다고 확신했다. 인간에 대한 사탄의 공격은 우리가 태어날 때부터 시작된다. 아기가 어머니 배 속에 생겼을 때부터 사탄은 공격하려고 애쓴다. 심지어 낙태를 통해 생명을 앗아가려고도 한다. 예수님과 모세가 태어났을 때도 그랬다.

사탄의 강령이 무엇인지 아는가? 요한복음 10장 10절은 도둑질하고, 죽이고, 파괴하는 거라고 말한다. 사탄이 당신을 태어날 때 죽이지 못했다면 어떻게든 유년기에 치명적인 상처를 주려고 애쓸 것이다. 그러면 당신은 수치와 학대, 방치와 거부로 인해 혹은 부모에게 사랑을 받지 못해 심각한 결핍을 갖고 성장하게 될 것이다.

그러나 좋은 소식이 있다. 진리가 우리를 자유롭게 하리라는 소식이다(요 8:32). 사탄이 우리 영혼에 어떤 상처를 주었든지 예수 그리스도께서는 우리를 해방시키시고 치유하실 수 있다.

주 여호와의 영이 내게 내리셨으니
이는 여호와께서 내게 기름을 부으사
가난한 자에게 아름다운 소식을 전하게 하려 하심이라
나를 보내사 마음이 상한 자를 고치며
포로된 자에게 자유를,
갇힌 자에게 놓임을 선포하며

사 61:1

내가 40년 넘게 그리스도인으로 살아오면서 깨달은 게 있다. 내 진짜 마음을 발견하고, 도둑질하고 죽이고 파괴하는 사탄의 술책에 넘어간 내 행동의 근본 원인을 밝히려면 반드시 벗겨내야 하는 게 있다. 바로 내 삶에 켜켜이 쌓인, 세대를 통해 전해진 견고한 진이다.

그것은 종종 유년기에 받은 상처를 통해 인생의 초기에 형성된다. 그러한 상처는 성인이 된 우리의 삶에 인간관계의 충돌, 온갖 중독, 상처 받은 마음을 보호하려는 고립된 생활 방식 등으로 나타난다. 그런데 그것들이 본격적으로 드러날 때에야 비로소 그 상처를 다룰 수 있다. 해결되지 않은 과거의 아픔은 관계의 갈등, 서툰 의사소통, 심지어 사랑할 줄 모르는 태도를 열매로 맺는다.

그런 상태로 영혼의 원수와 벌이는 합법적인 영적 전투에 가담하면 어떻게 될까? 우리의 삶을 도둑질하고, 죽이고, 파괴하는 게 유일한 목표인 원수와의 격렬한 싸움에서, 우리는 자폭(自爆)의 순간을 향해 더 가까이 다가가는 시한폭탄이 되고 만다. 그렇다고 어떤 한 행동만을 교정하는 건 상처에 반창고를 대는 것일 뿐이다. 그 상처의 원인을 발견해내야 비로소 진정한 치유를 받을 수 있다.

나는 자신의 내면을 기꺼이 들여다보기 원하는 사람들을 위해 이 책을 썼다. 원수는 우리가 주변 사람들과의 관계와 심지어 하나님과의 관계까지도 망치는 파괴적인 삶의 방식을 깨지 못하도록 진리를 계속 은폐한다. 이와 관련하여 내가 개인적으로 겪은 아픔과 그간에 깨달음이 조금이나마 도움이 되어 당신이 원수의 그런 술책을 간파할 수 있기를 소망한다. 그렇게 하지 않으면 하나님의 자녀로서 우리의 삶이 위태로워지며, 그분이 우리의 삶에 의도하신 목적을 절대 이룰 수 없다.

나는 파괴된 우리 삶의 방식을 개선하지 못하도록 진리를 끊임없이 은폐하려는 사탄의 술책을 알아내기 위해 이 여정을 시작하려고 한다. 그전에 한 가지 주의 사항을 말하겠다. 이 세상에 완전한 사람은 없다. 이 땅에 살았던 인간 중에서 인생의 1안대로 살아간 이는 예수님뿐이시다. 그리고 그분은 우리 인생의 2안과 3안을 그분의 1안으로 바꾸어주신다. 예수님은 구속의 하나님이시다.

오랜 기간 사역을 하면서 내가 아무리 열심히 일해도 그 일에 다른 사람들이 관련되어 있으면 원하는 결과가 나오지 않을 수 있다는 걸 알게 되었다. 하나님께서는 인간에게 자유의지를 주신다. 결국 선택은 사람들의 몫이기에 옳지 않은 선택이 있을 수 있다.

우리가 누구인지를 하나님이 아닌 다른 사람들이 정의하게 하는 순간, 그들을 우리 삶의 신(神)과 우상으로 만들게 된다. 여기에서 우리가 직시해야 할 게 있다. 타인에게 마음을 다친 사람들이 또 다른 사람들의 마음을 아프게 한다는 사실이다.

하나님께서는 언제나 잘못보다는 우리의 잠재력을 주시하신다. 그분은 기드온에게 "큰 용사여"(삿 6:12)라고 말씀하셨다. 당시 그는 어떤 의미로도 큰 용사가 아니었다. 그러나 하나님께서는 과거의 삶이나 현재의 상태가 아니라 장차 변화될 수 있는 그의 모습을 주목하셨다. 그래서 우리는 그분이 우리에게 원하시는 참된 모습이 무엇인지 정확히 알아야 하고, 다른 사람들도 그렇게 바라보아야 한다.

과거에 상처 받은 걸 창피하게 여기면서 성취를 통해 인정받으려고 애쓰면 과거에 계속 갇히게 된다. 마음을 다친 사람은 그 아픔과 실망에 발이 묶여 상처를 극복하려는 의지를 잃는다. 또 그런 노력 자체가 승산 없는 싸움이라고 결론짓기도 한다. 그런 경우에는 하나님께서 그의 삶에 강력하게 일하시기 전까지 치유가 일어나기 어렵다.

물론 다른 사람의 마음을 다치게 한 사람은 자기 행동에 책임을 져야 한다. 그리고 그 사람도 자신의 행동의 뿌리를 발견하면 변화를 향해 나아갈 수 있다.

하지만 마음을 다친 사람 중에는 그들의 마음을 아프게 한 상대방에게 실수를 통해 변화될 수 있는 자유를 허락하지 않는 이들도 있다. 그들은 단지 무언가를 성취함으로써 자신의 가치를 입증하고, 하나님과 사람들에게 인정받으려고 애쓴다. 그러나 성취는 더 많은 속박을 낳는다.

반면 무조건적인 사랑은 잘못을 저지른 상대방을 변화시킬 수 있는 진정한 자유와 성취로 이끈다. 스스로 피해자라 여기는 사람들 중에는 승리를 얻기 직전에 이런 사랑을 포기하여 결국 늘 바라던 걸 얻을 수 있는 기회를 놓치는 이들이 더러 있다.

미식축구에서 점수를 얻기 가장 어려운 공격 지점이 터치다운 (touchdown, 공을 가지고 상대편의 골 라인을 넘는 일 또는 거기서 얻는 득점)을 1미터쯤 남겨놓은 지점이라고 한다. 동트기 직전이 가장 어둡기 마련인 것처럼.

한 사람이 다른 사람에게 줄 수 있는 가장 큰 선물은 '무조건적 사랑'이다. 우리를 가장 잘 아는 사람이 내게 상처를 주었을 때에도 그를 진정으로 사랑할 수 있다면, 그가 변화를 향해 자유롭게 나아갈 수 있도록 해줄 수 있게 된다. 물론 무조건적 사랑일지라도 적절한 경계선이 설정되어야 한다.

그러나 자신에게 아픔을 줬다는 이유로 상대방을 용서하지 않아서 계속 과거에 얽매여 있는 경우를 많이 봤다. 그들은 해결되지 않은 아픔에서 벗어나지 못한 채 상대방과의 관계를 통제하고 조종하여 관계가 회복되는 걸 막는다. 또한 자신에게 상처를 준 사람 안에서도 하나님께서 매우 강력하게 일하실 수 있다는 걸 믿지 않고 스스로 계속 피해자로 남는다.

용서와 책임의 균형

거라사 지방의 귀신들린 사람의 이야기는 구속(救贖)의 이야기
다. 어떤 사람에게 귀신이 가득 들어가 있었다. 먼저 그 이야기를
읽어보자.

그들이 갈릴리 맞은편 거라사인의 땅에 이르러

예수께서 육지에 내리시매

그 도시 사람으로서 귀신 들린 자 하나가 예수를 만나니

그 사람은 오래 옷을 입지 아니하며

집에 거하지도 아니하고 무덤 사이에 거하는 자라

예수를 보고 부르짖으며 그 앞에 엎드려 큰 소리로 불러

이르되 지극히 높으신 하나님의 아들 예수여

당신이 나와 무슨 상관이 있나이까

당신께 구하노니 나를 괴롭게 하지 마옵소서 하니

이는 예수께서 이미 더러운 귀신을 명하사

그 사람에게서 나오라 하셨음이라

(귀신이 가끔 그 사람을 붙잡으므로

그를 쇠사슬과 고랑에 매어 지켰으되

그 맨 것을 끊고 귀신에게 몰려 광야로 나갔더라)

예수께서 네 이름이 무엇이냐 물으신즉

이르되 군대라 하니 이는 많은 귀신이 들렸음이라

무저갱으로 들어가라 하지 마시기를 간구하더니

마침 그곳에 많은 돼지 떼가 산에서 먹고 있는지라

귀신들이 그 돼지에게로 들어가게 허락하심을 간구하니

이에 허락하시니 귀신들이 그 사람에게서 나와

돼지에게로 들어가니 그 떼가 비탈로 내리달아

호수에 들어가 몰사하거늘

치던 자들이 그 이루어진 일을 보고 도망하여

성내와 마을에 알리니

사람들이 그 이루어진 일을 보러 나와서 예수께 이르러

귀신 나간 사람이 옷을 입고 정신이 온전하여

예수의 발치에 앉아 있는 것을 보고 두려워하거늘

귀신 들렸던 자가 어떻게 구원받았는지를 본 자들이

그들에게 이르매 거라사인의 땅 근방 모든 백성이

크게 두려워하여 예수께 떠나가시기를 구하더라

예수께서 배에 올라 돌아가실새

귀신 나간 사람이 함께 있기를 구하였으나

예수께서 그를 보내시며 이르시되 집으로 돌아가

하나님이 네게 어떻게 큰일을 행하셨는지를 말하라 하시니

그가 가서 예수께서 자기에게 어떻게 큰일을 행하셨는지를

온 성내에 전파하니라

예수께서 돌아오시매 무리가 환영하니

이는 다 기다렸음이러라

눅 8:26-40

오늘날의 마약 중독자, 환각제 남용자, 동성애자, 불륜을 저지르는 사람들 혹은 가족을 등한시하는 일중독자가 이 이야기의 귀신들린 사람과 비슷하지 않을까 생각해본다. 거라사 지방의 그 사람에게는 귀신이 가득 들어가 있었지만 예수님은 그가 회복될 수 있다는 걸 의심하지 않으셨다.

지금도 여전히 귀신에게 제어 당하고 있는 사람들이 있다. 그들이 해방되게 하려면 하나님께서 그를 회복시켜주실 수 있다는 걸 얼마나 굳게 믿어야 할까? 그리고 우리는 어떤 지점에서 포기하게 되는 걸까?

예수님은 인간인 우리에게 가망이 없다고 결코 생각하지 않으신다. 우리는 어떤 사람을 포기하기로 결심할 때, 우리는 그의 인생에 있어서 옳고 그름을 판단하는 판사와 배심원 노릇을 하려고 한다. 그러나 하나님께서는 우리가 다른 사람을 판단하면 우리도 그렇게 될 거라고 말씀하신다.

17

비판을 받지 아니하려거든 비판하지 말라

너희가 비판하는 그 비판으로

너희가 비판을 받을 것이요

너희가 헤아리는 그 헤아림으로

너희가 헤아림을 받을 것이니라

마 7:1,2

하나님께서는 인간의 온갖 신실하지 못한 것 앞에서 신실함을 보여주신다. 그것이 그분의 본성이다. 하나님은 언약의 하나님이시다. 그분의 나를 향한 사랑과 헌신은 내 성취나 성공이 아니라 그분께 반응하는 내 마음에 따라 좌우된다. 우리가 죄인의 삶에서 수행해야 할 가장 중대한 과제이자 누릴 수 있는 가장 큰 특권은 예수님이 우리를 위해 목숨을 내어주신 것같이 그분을 위해 우리의 삶을 내어드리는 것이다.

예수님은 간음 현장에서 잡힌 여인을 정죄하는 사람들에게 "너희 중에 죄 없는 자가 먼저 돌로 치라"(요 8:7)라고 말씀하셨다. 다른 사람들을 판단하는 건 교만과 독선의 극치다. 하나님께서는 다른 사람들을 위해서 무너진 성벽의 틈을 막고 서라고 우리에게 명하셨다(겔 22:30). 우리의 삶은 우리의 것이 아니다.

거라사 지방의 귀신들린 사람에게도 아마 가족이 있었을 것이다. 그러나 그가 회복되었을 때 돌아갈 아내나 가족이 남아 있었을까? 아내는 이미 떠나버리지 않았을까?

때로 우리는 하나님의 타이밍을 기다리지 못한다. 우리의 삶에 고통을 안겨준 사람들 안에서 하나님께서 실로 놀라운 일을 행하실 때까지 기다리는 대신에 우리만 옳다는 독선적인 태도로 피해자가 되기를 선택한다. 우리의 교만은 "나는 충분히 기다렸어. 그 사람에게 충분히 기회를 주었어!"라고 말한다.

그리고 나중에야 하나님께서 그 사람에게 놀라운 일을 행하셨다는 사실을 알게 된다. 그러나 이미 늦었다. 하나님께서 그 사람을 회복시켜주실 수 있다는 걸 신뢰하지 못하고 그를 버리고 떠났기 때문이다. 그가 하나님의 손길이 닿지도 않을 만큼 절망적인 상태라고 잘못 판단했기 때문이다.

사람들은 언제나 과거의 삶이나 현재의 행동을 근거로 우리를 정의하려고 한다. 그러나 하나님께서는 우리의 미래를 보시며, 우리가 어떤 사람이 되어가는지를 주시하신다. 물론 사람은 자기 행동에 적절한 책임을 져야 한다. 그러나 우리는 은혜와 책임의 균형, 용서와 책임의 균형을 맞추어야 한다.

특히 우리 모두가 하나님의 용서와 치유뿐만 아니라 기꺼이 우리와 관계를 맺으면서 살고자 하는 사람들의 용서와 치유가 필요한 죄인이라는 깊은 깨달음도 필요하다.

그리고 내 마음을 아프게 한 상대방뿐만 아니라 자기 자신도 용서해야 한다. 나를 용서하지 않고 사랑하지 못하면 다른 사람들을 용서하고 사랑할 수 없기 때문이다. 앞에서도 말했듯이 과거의 상처를 수치스러워하며 성취를 통해서 하나님과 사람들에게 인정받으려고 애쓴다면 과거에 계속 속박될 것이다. 하지만 나와 상대방을 기꺼이 받아들이고 용서한다면 예수님을 더 닮아갈 수 있는 자유를 얻을 것이다.

만약에 다윗이 이런 진리를 깨닫지 못했다면 불륜을 저지른 살인자로 평생 감옥에서 지내야 했을 것이다. 그러나 하나님께서는 약점을 극복하기 위해 노력하는 한 인간의 모습을 보셨다(다윗의 약점 중 대부분이 어린 시절의 상처에서 비롯되었을 것이다). 다윗은 엄청난 잘못을 저질렀지만 그것을 통해 배웠다.

잠언에 나오는 "어리석은 자"(1:22,32)는 분명 잘못을 저질렀지만 그것에서 배우는 게 있었다. 그가 바로 다윗이다. 성경을 기록했던 어떤 사람도 자신의 삶에 관해 다윗만큼 많은 장(章)을 쓰지는 못했다. 그는 무려 70장이 넘게 썼다. 하나님께서는 언제나 인간의 성취가 아닌 마음을 보신다.

이 책에 쓴 내용은 내 삶의 개인적 차원에서 큰 영향을 끼친 것들이다. 당신의 인생의 모든 장애를 극복하는 자유를 체험하고, 당신을 처참하게 좌절시켜 하나님의 궁극적인 계획을 이루지 못하게 하려는 사탄의 계략을 간파할 수 있으며, 우리를 향한 하나님의 깊은 사랑을 깨닫게 되기를 소망하는 마음으로 이 책을 썼다.

차례

• • •

인자가 온 것은 잃어버린 자를 찾아 구원하려 함이니라

눅 19:10

거부에서
수용으로

⋮

하나님의 구원 계획을 통해
마음의 장애를 극복하라

1

"하나님께서 세상만사를 통제하신다는 걸 믿습니까?"

청중들에게 강연할 때 이런 질문을 하면 절반 이상이 믿는다고 호응하면서 손을 번쩍 든다. 그러나 이 책에서는 하나님께서 세상을 통제하시지 않는다고 말하고 싶다.

물론 하나님은 전능하시고, 어디에나 계시고, 무엇이든지 원하시는 때에 행하실 수 있으며 궁극적인 의미에서 만사를 주관하신다. 또한 성경은 "여호와께서 그가 기뻐하시는 모든 일을 천지와 바다와 모든 깊은 데서 다 행하셨도다"(시 135:6)라고 말한다.

그러나 하나님께서는 인간을 통해 일하기로 결정하셨다. 이는 이 땅의 일 가운데 많은 것들이 인간이 그분의 명령에 순종하고 기도하면서 협력할 때만 이루어진다는 걸 의미한다. 하나님께서는 스스로 이 땅에 제한된 권세만을 펼치신다. 왜 그럴까? 예수 그리스도를 통해 하나님의 권세를 인간에게 위임하셨기 때문이다.

하나님께서 이 세상을 만드시고, 아담과 하와도 창조하셨다. 당시 세상에는 죄가 없었고, 그분과 인간의 관계는 완벽했으며, 인간에게 필요한 모든 것들이 그분과의 관계를 통해 충족되었다. 하나님께서는 땅에 대한 지배권을 아담과 하와에게 주셨다. 또 인간을 만드실 때 "우리의 형상을 따라 우리의 모양대로 우리가 사람을 만들고 그들로 바다의 물고기와 하늘의 새와 가축과 온 땅과 땅에 기는 모든 것을 다스리게 하자"(창 1:26)라고 말씀하셨다.

아담과 하와는 하늘의 아버지와 친밀한 관계를 유지했다. 그러나 그들은 하나님께서 무언가를 감추고 계신 게 분명하다고 결론지었다. 그래서 그렇게 완벽했던 아름다운 관계를 깨뜨렸다.

아담과 하와가 죄를 지었을 때 세상은 변해버렸다. 그들은 하늘의 아버지와 더 이상 친밀한 관계를 갖지 못하게 되었다. 죄가 아버지와 자녀의 관계를 망가뜨렸기 때문이다. 그들은 세상의 노예, 우주라는 고아원에 사는 고아가 되었다.

성경은 사탄이 세상에 들어왔을 때 예수님이 그를 "이 세상의 임금"으로 여기셨다고 말한다. 예수님은 사탄이 세상의 임금이었다고 요한복음의 세 구절에서 말씀하신다(12:31, 14:30, 16:11).

하나님께서 인간에게 자유의지를 주신 것은 정말 엄청난 위험을 감수하신 일이었다. 그것은 사탄이 행할 많은 일 때문에 그분이 비난받으시리라는 걸 의미했다. 인간에게 자유의지를 주시면 악(惡)이 인간을 통해 활개를 치고, 그들이 사탄 대신 하나님을 비난할 거라는 것도 알고 계셨다. 그래서 믿지 않은 많은 사람들은 이렇게 질문한다.

"하나님이 진짜 사랑의 하나님이시라면, 제2차 세계대전 때의 유대인 대학살 같은 사건들이 왜 일어나게 두신 거죠? 수많은 선한 사람들이 왜 고통을 당해야 하는 건가요?"

도무지 이해할 수 없는 일이 일어날 때 우리도 같은 질문을 하곤 한다. 세상의 악의 원인이 하나님께 있다고 생각할 때, 우리는 그분의 본성까지 의심한다. 이는 마치 한 번 미끄러지면 멈추지 못하는 경사면을 내려가는 것 같다.

창세기에서 가인은 하나님께 제물(祭物)을 드렸지만 하나님께서는 받지 않으셨다. 그러자 그는 그분의 본성을 의심했다. 사실 하나님께서는 가인을 거부하신 게 아니라 제물에 대한 그의 태도와 동기를 거부하신 것이다. 가인은 자신이 하나님께 거부당했다고 생각하고 비통한 심정으로 친동생을 살해했다. 그가 그런 행동을 하게 된 것은 하나님께서 그를 거부하셨기 때문이 아니라 처음부터 그가 합당하지 못한 태도로 제물을 드렸기 때문이다.

하나님은 사랑이시다

우리는 하나님이 사랑이시라는 걸 잘 알고 있다. 스바냐서 3장은 이렇게 말한다.

너의 하나님 여호와가 너의 가운데에 계시니

그는 구원을 베푸실 전능자이시라

그가 너로 말미암아 기쁨을 이기지 못하시며

너를 잠잠히 사랑하시며

너로 말미암아 즐거이 부르며 기뻐하시리라

습 3:17

하나님께서 당신을 생각하실 때 그분의 마음은 사랑으로 벅차오른다. 당신이 이 땅에서 어떤 행동을 하더라도 당신을 향한 그분의 사랑은 변하지 않는다. 물론 당신이 죄를 지어 스스로 하늘 아버지와의 관계에 좋지 못한 영향을 끼칠 수도 있다.

하지만 그런 경우에라도 당신을 향한 하늘 아버지의 사랑은 결코 변하지 않는다. 당신이 "만일 우리가 우리 죄를 자백하면 그는 미쁘시고 의로우사 우리 죄를 사하시며 우리를 모든 불의에서 깨끗하게 하실 것이요"(요일 1:9)라는 말씀에 의지하여 죄를 회개하고, 그 관계를 다시 확립할 수 있도록 언제나 문을 열어두신다.

하나님께서는 인간과의 관계를 회복하기로 결정하셨고, 그분의 외아들을 이 땅에 보내서서 인간의 죗값을 대신 치르게 하셨다. 이 또한 그분이 자녀들에게 품고 계신 깊은 사랑을 입증하는 또 다른 증거다.

예수님은 "인자가 온 것은 잃어버린 자를 찾아 구원하려 함이니라"(눅 19:10)라고 말씀하셨다. 영어 성경(KJV)은 "For the Son of Man has come to seek and to save that which was lost"라고 했다. 이 구절의 지시대명사 'that'은 사람과 사물, 둘 다를 지칭한다.

인간이 에덴동산에서 죄를 지은 결과로 잃었던 '모든 것'을 회복하시려고 예수님이 이 땅에 오셨음을 뜻한다. 그 '모든 것'에는 인간뿐만 아니라 인간과 하나님의 관계, 인간과 일의 관계, 인간과 인간의 관계, 그 이상의 많은 것을 포함하고 있다.

예수님은 당신과 나를 위하여 십자가에 달리셨을 때 몇 가지를 이루셨다. 그리고 이 땅에 대한 예수님의 모든 권세를 그분의 대리인으로서 제자들과 우리에게 위임하실 거라고 말씀하셨다.

> 내가 천국 열쇠를 네게 주리니
> 네가 땅에서 무엇이든지 매면
> 하늘에서도 매일 것이요
> 네가 땅에서 무엇이든지 풀면
> 하늘에서도 풀리리라
>
> 마 16:19

또한 예수님이 이 땅을 떠나신 후에 제자들이 곧 성령의 능력을 받게 되어 이 땅에서 그분이 행하셨던 일보다 훨씬 더 큰일도 행할 거라고 말씀하셨다.

내가 진실로 진실로 너희에게 이르노니

나를 믿는 자는 내가 하는 일을 그도 할 것이요

또한 그보다 큰일도 하리니

이는 내가 아버지께로 감이라 …

그가 또 다른 보혜사를 너희에게 주사

영원토록 너희와 함께 있게 하리니

요 14:12-16

에스겔서는 하나님께서 오늘날 인간에게서 무엇을 찾고 계신지를 말한다.

이 땅을 위하여 성을 쌓으며

성 무너진 데를 막아서서

나로 하여금 멸하지 못하게 할 사람을

내가 그 가운데에서 찾다가 찾지 못하였으므로

겔 22:30

하나님께서 지금 우리에게 하시는 본질적인 질문은 "내가 오늘의 세상 문화를 멸하지 않아도 되도록 이 문화를 기꺼이 막아설 사람이 하나도 없는가"라는 것이다.

사람이 없음을 보시며
중재자가 없음을 이상히 여기셨으므로

사 59:16

하나님께서는 인간을 통해 일하기로 선택하신다. 그분이 인간을 배제하고 단독으로 일하시는 경우는 거의 없다. 물론 그런 일들도 간혹 일어나지만 일반적으로는 인간을 통해 일하기로 선택하신다. 한밤중에 누군가를 위해 기도하려고 일어난 적이 있는가? 바로 그럴 때 하나님께서는 이미 응답해주기로 결정하신 기도를 해줄 누군가를 찾고 계신 것이다.

하나님께서는 이 땅에서 원하시는 무엇인가를 이루기 위해 도구로 사용할 누군가를 찾으신다. 하나님께는 그런 일이 일어날 수 있게 해달라고 중보기도를 드리는 또 다른 누군가가 필요하다.

하나님은 전지전능하신 분인데 왜 그런 중보기도가 필요한가? 그분이 우리와 협력하여 일하기로 결정하셨기 때문이다. 우리는 하나님의 대리인이다. 따라서 그분이 이 땅에서 뜻하신 바를 우리가 어떻게 이루어드려야 하는지를 꼭 배워야 한다.

목적에 합당한 삶

내 좋은 친구이자 이 책의 추천사를 써준 크레이그 힐은 이런 원칙에 관한 놀라운 간증을 전한다. 그가 아내인 잔을 만나기 6개월 전이었다. 그들은 하나님께서 기도에 어떻게 응답해주시는지에 대해 정말 강력한 교훈을 배웠다.

1975년 1월, 대학을 갓 졸업한 크레이그는 시카고에서 경영학석사과정(MBA)을 시작하기 전까지 9개월가량 시간적인 여유가 있었다. 그해 초 몇 개월 동안 그는 한 항공택배회사의 부조종사로 일주일에 5일 동안 야간 근무를 하면서 미시건 주의 그랜드래피즈의 우편물을 소형 비행기로 인근 지역에 운반했다.

그는 자정 무렵에 그랜드래피즈를 이륙하여 일리노이 주의 시카고와 블루밍턴을 경유하여 세인트루이스 주까지 갔고, 돌아올 때는 다시 일리노이 주의 피오리아와 시카고를 거쳐 미시건 호수를 가로질러 그랜드래피즈로 귀환하곤 했다.

어느 날 밤, 시카고에서 돌아오는 마지막 구간을 비행하고 있을 때였다. 미시건 주 상당 지역의 기후가 급속하게 악화되어 시야

확보가 어렵다는 시카고 항공교통관제 센터의 통보가 왔다. 그러면서 기수(機首)를 돌려 회항하는 게 좋겠다고 조언했다. 조종사와 그는 서로 바라보았다. 조종사가 그에게 물었다.

"시카고로 돌아가고 싶나?"

"아뇨!"

그가 대답했다.

"시카고로 다시 돌아가면 조종사 휴게실에서 옴짝달싹 못하고 온종일 있어야 할 거예요. 피곤해서 얼른 집에 가서 자고 싶어요. 안개를 뚫고 무사히 착륙할 수 있을 거예요!"

조종사도 같은 생각이었다. 그들은 계속 비행하겠다고 시카고 항공교통관제 센터에 알렸다. 나중에 그가 말했다.

"이유는 잘 모르겠지만, 사람들이 종종 강줄기가 굽은 부분에 비행장을 만든다는 걸 알고 있었어요. 미시건 주의 그랜드래피즈 비행장도 그랬죠. 안개가 제일 처음 만들어지는 곳이 강의 수면 바로 위입니다. 그런데 그 비행장에는 착륙 시에 정밀 계기 진입 방식(자동 진입 방식)으로 활주로로 접근하는 항로 바로 아래에 강이 있습니다.

그래서 기상 조건이 별로 좋지 않을 때는 강이 없는 다른 쪽에서 비정밀 계기 진입 방식(수동 진입 방식)으로 접근합니다. 정밀 계기 진입 방식으로 접근할 때보다 더 높이 날면서 활주로를 찾아야 안개를 피할 수 있기 때문에 더 쉽게 착륙할 수 있다는 걸 여러 차례의 경험으로 알고 있었죠.

하지만 그 특별한 날에 우리는 정밀 계기 진입 방식을 택했고, 첫 번째 시도에서 성공하지 못했어요. 최저 고도에 이르렀지만 활주로는 나오지 않았고, 불빛도 땅도 보이지 않았죠. 온통 희뿌연 안개뿐이었어요. 그래서 다시 시도하려고 상승했습니다. 그러나 두 번째 착륙을 시도하려고 하강하자마자 연료 부족을 나타내는 계기판의 빨간 표시등에 불이 들어왔습니다."

불행하게도 두 조종사의 두 번째 착륙 시도 역시 첫 번째와 똑같은 결과를 낳았다. 둘은 실수했다는 걸 알았다. 그들은 근처에 있는 비행장 중에서 착륙에 필요한 최소 가시거리 이상을 확보할 수 있는 곳이 있는지 관제탑에 물었고, 관제탑에서는 인근에 착륙할 수 있는 비행장이 아직 개방되어 있다고 알려주었다.

그들은 가능한 한 빨리 그 비행장으로 날아갔다. 그러나 불행하게도 그들의 비행기 엔진은 낮은 고도로 비행할 때 정상적인 순항 고도에서 소비하는 연료의 네 배가량을 소비하는 유형이었다. 비행장에 도착한 그들은 활주로 두 방향에서 정밀 계기 진입을 시도하여 최저 고도까지 내려갔지만 안개가 이미 자욱하게 껴서 활주로의 불빛이 보이지 않았다. 설상가상으로 연료도 거의 바닥났다.

그들은 근처에 또 다른 비행장이 있는지 관제탑에 물었다. 관제

탑은 그들을 디트로이트 공항으로 보내면서, 그곳 역시도 시계(視界)가 급속하게 낮아지고 있다고 덧붙였다.

크레이그는 어쩌면 죽을지 모른다고 생각했다. 디트로이트로 가는 도중에 그는 천국에서 아브라함과 모세와 베드로를 만나는 환상을 보았다. 그는 그들과 이야기를 나누는 자신의 모습만을 볼 수 있었다. 그가 먼저 베드로에게 물었다.

"당신은 어떻게 죽었습니까?"

"그러니까 나는….."

베드로가 대답했다.

"그리스도의 이름을 위해서 십자가에 거꾸로 달려 죽었습니다."

그러고는 그에게 물었다.

"크레이그, 당신은 어떻게 죽었습니까?"

그는 대답했다.

"저는 어리석게도 비행기 연료를 다 바닥내서 추락했습니다."

그는 인정하지 않을 수 없었다. 하지만 영원의 세상에 있는 모든 사람들에게 그렇게 간증하고 싶지는 않았다.

다행히 그들은 연료가 바닥나기 몇 분전에 디트로이트 비행장에 간신히 착륙할 수 있었다. 곧바로 다른 비행기 한 대가 착륙했고, 그 비행기를 마지막으로 디트로이트 공항의 항공기 이착륙이 전면 금지되었다. 짙은 안개로 가시거리가 최소 이하로 줄었기 때문이었다.

그해 7월, 유럽으로 선교 여행을 떠난 크레이그는 같은 팀에서 지금은 아내가 된 잔을 만났다. 그해 여름과 가을 내내 그는 잔의 부모님 집에서 거의 3주에 한 번씩 그녀를 만났다. 그렇게 서로 알아가는 과정에서 그는 그동안 살아오면서 겪은 다양한 모험담을 잔에게 들려주었다.

그러던 어느 날, 그녀의 부모님 집에서 저녁을 먹던 그는 그해 초에 비행기를 몰고 가다가 추락할 뻔한 일을 그녀에게 말했다. 그녀는 놀란 표정으로 경청했고, 그가 말을 마치자 말했다.

"물어볼 게 두 가지가 있어요!"

"뭔데요?"

"당신과 함께 비행기를 몰던 사람이 당신보다 나이가 더 많지 않았나요?"

"네, 맞아요."

"그때 두 사람 모두 위아래가 한 벌로 된 옅은 푸른색의 비행복을 입고 있지 않았나요?"

"네, 맞아요. 그런데 왜 그런 걸 물어보죠?"

"그때 우리가 당신을 위해서 기도했어요!"

"네? 그때 당신이 나를 위해서 기도했다고요? 그때는 1월이었고 우리는 7월에 만났잖아요. 그때 서로 알지도 못했는데 어떻게 나를 위해서 기도할 수 있었죠?"

잔이 설명하기 시작했다. 1975년 1월, 잔은 독일에 있는 예수전도단 전도학교에 다니고 있었다. 그곳에서는 학생들이 매일 아침에 소그룹으로 모여서 기도했다. 그 학교에서 수업이 진행되는 동안에 중보기도자이며 성경 교사인 조이 도우슨(Joy Dawson)이 특별한 기도 방식에 관해 학생들에게 말했다.

대부분의 사람들은 하나님께 받았으면 하는 모든 것들을 목록으로 작성해놓고, 그것을 달라고 기도한다. 그들은 단지 자신들에게 중요한 것을 위해 기도한다. 그러나 조이 도우슨은 학생들에게 이렇게 가르쳤다.

"여러분이 무엇을 위해서 기도하기를 하나님께서 원하시는지, 하나님의 마음에 있는 생각이 무엇인지 알려달라고 매일 아침 그분께 여쭤보세요!"

그들은 하나님의 뜻을 이루려면 중보기도로 그분과 협력해야 한다는 걸 이해했다. 그 결과, 매일 아침 소그룹으로 모여 그들이 무엇을 위해 기도하기를 원하시는지 하나님께 먼저 여쭤보곤 했다. 그런 과정에서 성령께서 그들이 자연적인 인지 능력으로는 전혀 알 수 없는 기도 제목들을 주시곤 했다.

때로 그들의 중보기도가 응답되었다는 걸 자연스런 출처를 통해 확인할 수 있었지만 거의 대부분은 그러지 못했다. 그저 하나님께서 주신 기도 제목을 위해 매일 신실하게 기도할 뿐이었다.

잔은 그해 1월 어느 날 아침에 무엇을 위해서 기도하기를 원하시는지 하나님께 여쭈었다. 그때 마음에 떠오른 기도 제목 가운데 하나가 어떤 비행기를 위해 기도하라는 거였다고 크레이그에게 말했다. 그날 평소대로 하나님께서 주신 기도 제목을 놓고 기도하던 그들은 '비행기'라는 기도 제목에 이르렀을 때 당연히 하나님께 여쭈었다.

"저희가 그 비행기의 무엇을 위해서 기도해야 하나요?"

그런 다음에 소그룹 구성원들이 각자의 마음에 떠오른 구체적인 기도 제목을 서로 나누면서 기도했다. 한 사람이 말했다.

"우리가 기도할 비행기는 항공택배회사의 비행기처럼 작지만 매우 빠르다는 게 느껴져요."

또 다른 사람도 의견을 보탰다.

"조종사가 두 명인데, 한 사람은 젊고 또 다른 사람은 나이가 든 것 같아요."

다른 누군가도 말했다.

"두 명의 조종사는 위아래가 한 벌로 된 옅은 푸른색의 비행복을 입고 우편물을 운반하고 있는 게 느껴집니다."

잔도 마음에 떠오른 생각을 말했다.

"미국의 오대호 서쪽 지역의 지도가 보입니다. 지도가 무척 흐리게 보여요. 안개가 점점 짙어지고 있어요. 아무래도 연료가 다 떨어진 것 같아요. 그들이 착륙할 곳을 빨리 찾을 수 있게 해달라고 기도해야 할 것 같아요!"

잔의 소그룹 구성원들은 그 비행기 조종사들이 안전하게 착륙할 곳을 얼른 발견할 수 있게 해달라고 기도하기 시작했다. 그들은 성령께서 역사하셔서 그 기도 제목과 관련하여 그들이 기도해야 할 모든 것들을 다 쏟아낼 때까지 간절히 기도했다. 그런 다음에 그들은 하나님나라에서 더 중요하다고 느껴지는 다음 기도 제목으로 넘어갔다.

잔은 당시 자연적인 인지 능력으로 전혀 알 수 없는 기도 제목을 놓고 매일 기도했기에 크레이그를 위해 기도한 게 그리 주목할 만한 사건은 아니었다. 그가 말해주지 않았다면 그 기도를 기억해내지 못했을 거라고 그녀가 말했다.

그러나 크레이그를 위해 기도했던 그날 아침, 기도회가 끝난 뒤에 잔과 같은 소그룹의 한 학생이 그녀를 찾아와 말했다.

"우리가 기도했던 그 비행기가 당신과 어떤 관련이 있는 게 느껴져요!"

잔은 잠시 생각한 뒤에 대답했다.

"내가 아는 사람들 중에서 비행기와 관련 있는 사람은 아무도 없어요. 나는 아이오와 주의 작은 농촌 출신이거든요. 거기 소형 비행기를 갖고 있는 농부가 있었는데, 가끔 자기 옥수수 밭을 그 비행기로 다닌다고 들었어요. 하지만 우리가 기도한 비행기는 그 사람과는 무관하다는 생각이 들어요. 지금으로서는 아무도 떠오르지 않네요!"

그러자 그 학생이 말했다.

"그렇군요. 확신이 가지는 않지만 그래도 당신에게 꼭 말해야 한다고 느꼈어요!"[2]

이 강력한 이야기는 무엇을 말하는가? 기도가 단지 내 말을 하나님께 들려주려는 노력이 아니라, 내가 이 땅에서 하나님의 대리인이 되어 약속을 이루시는 그분을 이해하는 거라면 모든 것들이 바뀐다.

이 땅의 궁극적인 주인이신 예수님은 이 땅에 다시 돌아오실 때 우리에게 임대해주셨던 모든 걸 회수하실 것이다. 그리고 우리는 더 이상 이 땅에 대한 책임을 지지 않을 것이다. 그러나 그날이 오기까지는 사탄의 악한 일을 파괴하는 법을 분명히 깨닫고 살아야 한다. 성경은 그것이 예수님의 기본적인 사명 가운데 하나였다고 말한다.

죄를 짓는 자는 마귀에게 속하나니

마귀는 처음부터 범죄함이라

하나님의 아들이 나타나신 것은

마귀의 일을 멸하려 하심이라

요일 3:8

예수님은 이 땅을 떠나 하늘로 올라가실 때 그 임무를 우리에게 넘겨주셨다.

그러므로 너희는 가서 모든 민족을 제자로 삼아

아버지와 아들과 성령의 이름으로 세례를 베풀고

내가 너희에게 분부한 모든 것을 가르쳐 지키게 하라

볼지어다 내가 세상 끝날까지

너희와 항상 함께 있으리라

마 28:19,20

신자로서 합당한 삶을 살려면 하나님께서 당신에게 권세를 맡겨주셨다는 것과 이 땅에서 하나님의 뜻이 이루어지는 데 당신이 정말 중요하다는 걸 꼭 깨달아야 한다(사탄의 거짓말에 관한 정보를 더 얻기를 원하면 www.3greatestlies.com에 있는 세 편의 동영상을 참고하기 바란다).

• • •

우리 살아 있는 자가 항상 예수를 위하여 죽음에 넘겨짐은
예수의 생명이 또한 우리 죽을 육체에 나타나게 하려 함이라
그런즉 사망은 우리 안에서 역사하고 생명은 너희 안에서 역사하느니라

고후 4:11,12

무관심에서
관심으로

⋮

나 자신을
가장 먼저 파악하라

2

하나님과 사탄 양쪽 모두 당신이 죽기를 원한다. 그러나 원하는 이유는 다르다. 하나님께서는 예수님의 생명이 당신을 통해 다른 사람들에게 나타나게 하려고 당신의 육체가 정욕과 욕심과 함께 죽길 원하신다(갈 5:16-26). 사탄도 당신이 죽길 원한다. 그러나 그는 신자로서의 당신의 합당한 삶이 죽기를 바란다. 사탄은 모세와 예수님이 태어났을 때도 죽이려고 했다.

사탄은 낙태를 통해 우리 모두를 죽이려고 애쓴다. 그리고 우리를 죽이지 못하면 깨진 가족 관계와 부모를 통해 상처를 주려고 애쓴다. 또한 당신의 유년기에 정말 아픈 상처를 안겨주려고 노력한다. 그 상처가 매우 치명적이라 당신은 상처가 주는 역기능 속에서 성장하게 되고, 결국 하나님과 주변 사람들과 건강한 관계를 갖지 못하게 된다. 궁극적으로 사탄은 당신과 내가 받은 상처를 안고 신경쇠약으로 평생 살기를 바란다.

사탄의 강령이 무엇인지 폭로하는 요한복음 10장 10절은 그가 거짓 선지자들을 통해 도둑질하고, 죽이고, 파괴하려고 세상에 왔다고 말한다. 이와 관련하여 나는 사탄이 당신의 돈을 도둑질하고, 신자로서의 당신의 합당한 삶을 죽이고, 당신의 가족을 파괴하기를 원하고 있다고 말하고 싶

다. 그것이 사탄의 임무다. '사탄'(Satan)이라는 이름의 뜻은 '반대
자'(opposer)이다.

지피지기면 백전백승

팀으로 하는 스포츠에서 상대 팀의 강점과 약점을 파악하려면
정보를 입수해야 한다. 상대 팀을 잘 알면 우리 팀이 부딪치게 될
것들을 예측하여 대비할 수 있다. 또 상대가 어떻게 공격해올지 미
리 알 수 있기 때문에 그에 맞는 준비를 할 수 있다.

이런저런 역량이 있다고 선전하는 그들의 말이 아니라 그들의
진짜 역량을 정확히 파악하면 효율적으로 대비할 수 있다. 영적인
세계에서도 마찬가지다. 사탄이 우리를 대적하려고 사용하는 전
략을 정확히 파악해야 한다.

오늘날 많은 사람들이 사탄의 존재를 믿지 않는다. 그러나 바
울은 우리 눈에 보이지 않는 악한 영의 세계가 있다는 것을 분명히
이해했다.

마귀의 간계를 능히 대적하기 위하여
하나님의 전신 갑주를 입으라

우리의 씨름은 혈과 육을 상대하는 것이 아니요

통치자들과 권세들과 이 어둠의 세상 주관자들과

하늘에 있는 악의 영들을 상대함이라

그러므로 하나님의 전신 갑주를 취하라

이는 악한 날에 너희가 능히 대적하고

모든 일을 행한 후에 서기 위함이라

엡 6:11-13

또한 그는 "내게 광대하고 유효한 문이 열렸으나 대적하는 자가 많음이라"(고전 16:9)라고 말하면서 에베소서에서 했던 말을 재차 강조했다.

기독교 여론조사 기관인 조지 바나 그룹의 한 조사에 따르면 미국 사회의 일반인 가운데 사탄이 실제적인 존재라고 믿는 이들이 24퍼센트밖에 되지 않고, 놀랍게도 그리스도인들 가운데도 52퍼센트밖에 되지 않는다고 한다.[3]

20세기 최고의 영성 작가인 C. S. 루이스가 말했다.

"교회가 사탄을 다루면서 저지르는 두 가지 실수가 있다. 하나는 모든 걸 사탄의 탓으로 돌리는 것이고, 다른 하나는 어떤 것도 사탄의 탓으로 돌리지 않는 것이다."

신자들이 모든 걸 사탄의 탓으로 돌리는 것도 분명한 잘못이지만, 사탄을 실제적인 존재로 여기지 않는 것은 더 분명한 잘못이다. C. S. 루이스의 《스크루테이프의 편지》(The Screwtape Letters, 홍성사 간)는 스크루테이프라는 이름의 우두머리 악마와 풋내기 악마에 관한 가상의 이야기다. 그 책에서 우두머리 악마인 스크루테이프는 그의 조카이자 풋내기 악마인 웜우드에게 이렇게 말한다.

"사랑하는 웜우드에게. 환자에게 네 존재를 꼭 숨길 필요가 있느냐고 묻는 이유를 모르겠구나. 적어도 투쟁의 현 단계에서는 최고사령부에서 이미 내려온 대답이 있지 않느냐. 당분간은 정체를 숨기는 것이 우리의 정책이다."[4]

사탄은 자신의 존재와 음모에 대해서 사람들을 계속 어둠 속에 가두어놓기를 원한다. 사탄이 인간을 파괴하려고 사용하는 몇 가지의 방법을 나열해보았다.

• 사탄은 신자들을 비난한다.

"내가 또 들으니 하늘에 큰 음성이 있어 이르되 이제 우리 하나님의 구원과 능력과 나라와 또 그의 그리스도의 권세가 나타났으니 우리 형제들을 참소하던 자 곧 우리 하나님 앞에서 밤낮 참소하던 자가 쫓겨났고 또 우리 형제들이 어린양의 피와 자기들이 증언하는 말씀으로써 그를 이겼으니 그들은 죽기까지 자기들의 생명을 아끼지 아니하였도다"(계 12:10,11).

• 사탄은 믿지 않는 사람들의 눈을 가린다.
   "만일 우리의 복음이 가리었으면 망하는 자들에게 가리어진 것
이라 그중에 이 세상의 신이 믿지 아니하는 자들의 마음을 혼미하
게 하여 그리스도의 영광의 복음의 광채가 비치지 못하게 함이니
그리스도는 하나님의 형상이니라"(고후 4:3,4).

• 사탄은 광명의 천사로 가장하고 나타난다.
   "이것은 이상한 일이 아니니라 사탄도 자기를 광명의 천사로 가
장하나니"(고후 11:14).
   – 어떤 사람들은 사탄에게 이용당하여 그리스도인처럼 행동하
지만 하나님나라를 위한 동기를 갖고 있지 않다.

• 사탄은 죽이고 파괴하려고 애쓴다.
   "도둑이 오는 것은 도둑질하고 죽이고 멸망시키려는 것뿐이요
내가 온 것은 양으로 생명을 얻게 하고 더 풍성히 얻게 하려는 것
이라"(요 10:10).
   – 사탄은 당신의 돈을 도둑질하고, 신자로서의 당신의 삶을 죽
이고, 당신의 가족을 파괴하기를 원한다.

• 사탄은 거짓말하고 속인다.

"너희는 너희 아비 마귀에게서 났으니 너희 아비의 욕심대로 너희도 행하고자 하느니라 그는 처음부터 살인한 자요 진리가 그 속에 없으므로 진리에 서지 못하고 거짓을 말할 때마다 제 것으로 말하나니 이는 그가 거짓말쟁이요 거짓의 아비가 되었음이라"(요 8:44).

• 사탄은 하나님께 순종하는 이들과 전쟁한다.

"용이 여자에게 분노하여 돌아가서 그 여자의 남은 자손 곧 하나님의 계명을 지키며 예수의 증거를 가진 자들과 더불어 싸우려고 바다 모래 위에 서 있더라"(계 12:17).

• 사탄은 삼킬 자들을 찾아 배회한다.

"근신하라 깨어라 너희 대적 마귀가 우는 사자같이 두루 다니며 삼킬 자를 찾나니"(벧전 5:8).

• 사탄은 죽이려고 애쓴다.

"그 꼬리가 하늘의 별 삼분의 일을 끌어다가 땅에 던지더라 용이 해산하려는 여자 앞에서 그가 해산하면 그 아이를 삼키고자 하더니"(계 12:4).

세 가지 거짓말

사탄은 당신이 그의 온갖 거짓말을 다 믿기를 바라지만 그중에서도 특히 다음 세 가지의 거짓말을 믿기를 바란다. 첫 번째는 당신이 환경을 바꿀 힘을 갖고 있지 않다는 것, 두 번째는 당신이 부당한 하나님의 희생자라는 것, 세 번째는 하나님께서 당신이 이 땅에서 고통을 당하도록 당신을 버렸다는 것이다.

사탄은 당신이 이 거짓말을 믿게 만들 수만 있으면 그때부터 당신이 하나님의 본성을 의심하게 될 거라는 걸 잘 알고 있다. 예수님도 제자들에게 말씀하셨다.

너희 모두 세상이 무너지는 듯한 심정이 들 텐데,
그것이 나 때문이라고 생각할 것이다.

막 14:27, 메시지

누구나 알고 있는 것처럼 인생의 여정은 길다. 그리고 그 긴 나그네 길을 가는 동안에 사탄은 우리의 마음을 흉포하게 공격한다. 왜 그럴까? 우리가 어떤 사람들이 될 수 있는지를 잘 알고, 그것을 무척 두려워하기 때문이다. 우리가 하나님께서 우리를 창조하실 때 의도하신 본래의 모습이 되면 일상의 삶을 통해 하나님의

능력과 사랑이 나타난다는 걸 잘 알고 있다. 또한 하나님나라의
이익을 위해 다른 많은 사람들에게 영향을 끼침으로써 자신을 좌
절시킬 것도 알고 있다.

그래서 사탄이 우리를 맹렬하게 공격하지만 우리는 이길 수 있
다. 복음은 예수님이 우리를 자유롭게 하려고 오셨고, 진리가 우
리를 자유롭게 한다는 소식이다.

진리를 알지니
진리가 너희를 자유롭게 하리라

요 8:32

나는 앞장에서 하나님께서 이 땅에서 자신을 대리할 사람을 찾
고 계신다고 말했다. 에스겔서 22장 30절은 오늘날 하나님께서
인간에게서 무엇을 찾고 계신지를 말한다.

이 땅을 위하여 성을 쌓으며 성 무너진 데를 막아 서서
나로 하여금 멸하지 못하게 할 사람을
내가 그 가운데에서 찾다가 찾지 못하였으므로

하나님께서 지금 우리에게 "내가 오늘의 세상 문화를 멸하지

않아도 될 수 있도록 기꺼이 막아설 사람이 하나도 없는가"라는 본질적인 질문을 하신다.

위임장에 관하여 생각해보면 이 개념을 더 잘 이해할 수 있다. 당신이 위임장을 갖게 된다면 누군가를 대신하여 그의 이익을 대변하는 합법적 권한을 갖게 된다. 만일 당신이 마이크로소프트 사의 창업자인 빌 게이츠의 위임장을 갖고 있다면 은행 안으로 당당히 들어가 십억 달러짜리 체크 수표를 현금으로 바로 바꿀 수 있다. 그가 써준 위임장을 갖고 있다는 건 그가 소유한 모든 것에 대한 합법적인 권한이 있음을 뜻하기 때문이다.

예수님은 성경에 들어 있는 7,500가지 이상의 언약을 이 땅에서 그분을 대신해 집행할 수 있는 위임장을 당신과 내게 주셨다. 이 약속은 하나님께서 우리에게 써주신 권리양도 증서다. 그분은 그 증서를 우리에게 주시며 "이 약속을 이 땅에서 집행할 수 있는 합법적인 권한을 네게 준다"라고 말씀하신다.

이는 당신과 내가 하나님께서 이 땅에서 사용하실 수 있는 통로, 즉 하나님의 언약이 현실로 이루어지게 해달라고 기도하는 이들이 되어야 함을 뜻한다.

이 땅의 궁극적인 주인이신 예수님은 다시 돌아오실 때 우리에게 임대해주셨던 모든 걸 회수하실 것이다. 그분이 다시 오시면 우리는 더 이상 이 땅에 대한 책임을 지지 않을 것이다. 그러나 그날

이 오기까지는 사탄의 악한 일을 파괴하는 법을 분명하게 깨닫고
살아야 한다.

자신의 극복 의지

나는 '변화의 주체'(Change Agent) 강습회를 열 때마다 핵심적
인 원칙을 설명하려고 동영상을 사용한다. 그 원칙은 고린도후서
10장 4절에 나오는 "어떤 견고한 진도 무너뜨리는" 것으로서, 나
는 그것에 관해 설명할 때마다 자기 앞발을 보며 으르렁거리는 강
아지의 동영상을 사람들에게 보여준다.

강아지는 앞발이 자기를 공격할 거라고 생각하여 으르렁거린
다. 그 동영상은 중요한 진리를 예로 보여준다. 우리가 자신의 최
악의 적이 되는 경우가 한두 번이 아니라는 것이다.

당신과 내가 거듭났을 때 우리의 영(spirit)은 하나님의 영
(Spirit)으로 완전히 깨끗해졌다. 예수님이 십자가에서 이루신 일
로 우리는 거룩하신 하나님께 자유로이 나아갈 수 있게 되었고,
우리의 영은 즉각 하나님의 영과 연결되었다. 그러나 우리의 혼은
다르다. 인간존재는 영(spirit)과 혼(soul)과 몸(body)으로 이루어
져 있다. 우리의 마음과 의지와 감정은 혼 안에 있다. 우리가 그리

스도께 나아갈 때 우리의 혼이 즉각적으로 예수님을 닮게 되지는 않는다.

그런 일은 성화(聖化)를 통해 점진적으로 일어난다. 성화는 거룩함을 얻어가는 행위나 과정, 거룩해지거나 거룩하게 되어가는 행위나 과정이다. 바울이 "평강의 하나님이 친히 너희를 온전히 거룩하게 하시고 또 너희의 온 영과 혼과 몸이 우리 주 예수 그리스도께서 강림하실 때에 흠 없게 보전되기를 원하노라"(살전 5:23)라고 말했을 때 언급한 게 바로 성화다. 바울은 자기 영혼이 여전히 죄를 짓고자 한다는 걸 깨달았다.

> 내가 행하는 것을 내가 알지 못하노니
> 곧 내가 원하는 것은 행하지 아니하고
> 도리어 미워하는 것을 행함이라
> 만일 내가 원하지 아니하는 그것을 행하면
> 내가 이로써 율법이 선한 것을 시인하노니
> 이제는 그것을 행하는 자가 내가 아니요
> 내 속에 거하는 죄니라
>
> 롬 7:15-17

성경 주석가들은 바울이 로마서를 기록한 시점이 그리스도인이 되고서 오랜 세월이 지났을 때라고 말한다. 그는 그리스도인이 되고서 오랜 시간이 흐른 뒤에도 원치 않는 일을 자꾸 행하게 되는 것 때문에 여전히 몸부림쳤다. 당신과 나도 마찬가지다.

하나님께서는 그리스도께서 우리를 통해 자유롭게 행하실 수 있도록 우리가 자신의 육체를 십자가에 못 박기를 바라신다.

내가 그리스도와 함께 십자가에 못 박혔나니

그런즉 이제는 내가 사는 것이 아니요

오직 내 안에 그리스도께서 사시는 것이라

이제 내가 육체 가운데 사는 것은

나를 사랑하사 나를 위하여 자기 자신을 버리신

하나님의 아들을 믿는 믿음 안에서 사는 것이라

갈 2:20

중독의 뿌리

아담과 하와는 하나님께서 그들에게 무엇인가를 감추고 계시다고 생각했다. 사탄은 그들에게 필요한 것들을 하나님께서 채워 주고 있지 않다고 설득했다. 그래서 그들은 하나님께 불순종함으로써 자신들에게 필요를 채우기로 결정하고, 선악을 알게 하는 나무의 열매를 먹었다.

이와 같이 필요한 것들을 하나님의 방법이 아니라 내 방식으로 채우려고 애쓰다 보면 그것이 습관이 된다. 그리고 때로 그것은 중독으로 변할 수가 있다. 중독이 무엇인가? 무엇이든지 당신의 의지로 멈추지 못하면 중독된 것이다.

《Addictions》(중독)을 저술한 심리학자 헨리 라이트(Henry Wright)는 중독의 뿌리가 사랑받으려는 욕구와 하나님께 사랑받고 있다는 생각을 믿지 못하는 것이라고 말한다. 중독은 영혼을 통해 충족되는 사랑과 친밀함을 육체로 채우려는 가짜 욕구다. 그리고 우리의 삶에서 고통을 은폐하려고 설계된 격리실이다.

우리의 뇌 안에는 중독을 낳는 생리학적인 인자가 있다. 인간의 뇌는 신경계 안에 있는 신경전달 물질로 구성되어 있고, 신경계 안에 있는 뇌 줄기(brainstem)는 만족스러운 느낌을 주는 호르몬을 내뿜는다. 그런데 우리의 삶에서 고통스러운 감정을 야기하는 부정적인 일이 발생하면 도파민(dopamine)과 세로토닌(serotonin)이라 불리는 두 가지 신경전달 물질이 적게 분비된다. 그러면 우울과 불안과 정서적 고통이 커진다.

이러한 상태가 되면 우리를 위한 하나님의 완벽한 계획 밖에서 일상의 일들을 결정하는 잘못을 범하기 쉽다. 하나님께서는 우리의 삶에 필요한 모든 걸 채워주기 원하신다. 그러나 우리 삶의 필요를 하나님께서 채워주지 않으신다고 생각하면 그것이 우리의 삶에 정서적인 아픔을 유발하고, 사탄은 우리의 방법으로 필요를 채우라고 유혹한다. 이런 식으로 우리는 중독을 낳는 잘못된 습관을 키워나간다.

도파민과 세로토닌은 두뇌에 신경 신호를 전달하는 화학적인 심부름꾼이다. 도파민은 근육 운동과 동기 부여와 쾌감을 조절하고, 세로토닌은 주로 기분 상태와 추진성과 사회적 행동에 영향을 끼친다.

일례로 어떤 남자가 공허하고 외롭고 사랑받고 있지 못하다고 느낄 때, 아마 그는 그런 필요를 채우려고 하나님을 찾는 대신에 포르노를 선택할 것이다. 그에게 진짜 필요한 건 하나님의 사랑을 알고 체험하는 것임에도 그의 삶에는 하나님과의 참된 사귐이 없다. 그는 하나님께서 자신을 사랑하신다는 걸 믿지 않는다. 자신의 공허함과 아픔을 육체를 통해 처리하려고 애쓸 뿐이다.[5]

크레이그 힐은 《Bondage Broken》(깨진 속박)에서 대부분의 사람들이 네 가지의 거짓말을 믿기 때문에 계속 중독된 채로 산다고 말한다. 그들은 하나님이 신실하지 않으며, 중독 습관이 자신들에게 필요한 것을 채워줄 거라는 거짓말을 믿는다. 또한 그들은 중독된 습관의 힘이 그것을 깰 수 있는 하나님의 능력보다 더 강하고, 중독이 그들의 존재 방식이라는 거짓말을 믿는다. 6)

지금 무엇인가에 중독되어 있는가? 그렇다면 당신을 향한 사랑을 분명하게 계시해달라고 하나님께 구하는 데 모든 주의를 집중하라! 그분의 사랑에 관한 성경 구절들을 묵상하라. 내 책인 《하나님의 터치》(Experiencing the Father's Love, 규장 간)와 《Listening to the Father's Heart》(하나님 심장에 귀 기울이기)를 참고해도 좋다.

하나님께서 당신을 사랑하신다는 진리를 깨닫고 믿고 체험하기 시작하면 중독에서 벗어나는 길이 보이기 시작할 것이다. 당신을 향한 하나님의 사랑을 체험하면 '치유'라는 선물을 얻을 것이다. 그러나 때로는 세대를 통해 전해지는 불법 때문에 자녀들의 영혼에 이런저런 중독증이 남기도 한다.

• • •

우리의 싸우는 무기는 육신에 속한 것이 아니요
오직 어떤 견고한 진도 무너뜨리는 하나님의 능력이라
모든 이론을 무너뜨리며 하나님 아는 것을 대적하여
높아진 것을 다 무너뜨리고 모든 생각을 사로잡아
그리스도에게 복종하게 하니

고후 10:4,5

우유부단_{에서}
단호함_{으로}

:

집안의 영적 대물림을
완전히 끊어라

3

사도 바울은 고린도후서 10장 4,5절에서 사탄과 그의 군대가 자신들을 보호하려고 구축하는 영적인 요새를 정의하면서 '견고한 진'이라는 단어를 사용한다. 이러한 요새들은 지역 사회와 국가 안에서뿐만 아니라 가정과 직장과 교회 안에서 우리의 행동을 지배하는 각자의 사고방식과 개념 안에 존재한다.

사탄과의 싸움에서 승리했다고 단언하려면 사탄이 우리 내면에 구축하는 견고한 진을 먼저 무너뜨려야 한다. 오직 '말씀'과 '성령'이라는 강력한 무기로 사탄의 본거지를 효율적으로 공략할 수 있다.

사탄의 견고한 진이 어떤 사람 안에서 어떻게 커져서 그 사람의 직장생활을 망쳐놓을 수 있는지를 보여주는 한 가지 실례를 소개하겠다.

제리는 경제적으로 성공한 일중독자 아버지 밑에서 성장했다. 유년기에 물질적으로 부족한 게 하나도 없었지만 그의 부모는 다정한 말이나 따뜻한 스킨십으로 사랑을 표현하면서 그를 키우지 못했다. 그는 성인이 되었을 때 주변 사람들 특히 아내와 자녀들에게 친밀감을 느끼지 못했다. 다른 사람들에게 자기의 감정을 솔직하게 전달하는 걸 무척 어려워했다.

그가 십 대 초반이었을 때 아버지가 갑작스러운 사고로 일찍 세상을 떠나고 말았다. 보험 회사는 복잡한 문제에 연루되어 아버지의 생명 보험금을 지급하지 못했고, 홀어머니에 오남매만 덩그러니 남았다. 가족들은 얼마 되지 않는 생활비를 쪼개 쓰면서 살아야 했다. 불확실한 미래에 대한 엄청난 불안과 두려움이 그의 청소년기를 지배했다.

그가 돈이 필요하다고 말하면 어머니는 "그런 곳에 돈을 쓸 만큼 우리에게는 여유가 없어"라고 대답했다. 그런 식으로 쪼들리면서 살지 않겠다고 다짐한 그는 이른 나이에 작은 사업을 시작했고, 개인적으로 혹은 사업상 만나는 사람들과의 인간관계에 특별히 중점을 두고 정말 열심히 일했다. 그러다가 이십 대 초반에 그리스도를 영접했다.

그는 사업에 성공하여 삼십 대 후반에 번듯한 자신의 사업체를 갖게 되었다. 주변 사람들은 그가 하나님과 맺고 있는 관계를 하나의 모범으로 생각했다. 그러나 자세히 들여다보면 옳지 않은 게 많았다.

그는 금전적인 문제가 터질 때마다 종종 사람들에게 분노를 표출했고, 직원들이 자신의 기준에 미치지 못하면 다른 사람들 앞에서 망신을 주어서라도 그 행동을 반드시 고치게 했다. 자신에게 이익을 가져다주는 고객들 이외에는 가까운 사람들을 아무렇게나

함부로 대했고, 주변 사람들이 금전적으로 어려워지면 곧바로 안면을 바꿨다. 그것이 그의 대인 관계에서 하나의 방식으로 굳어지기 시작했다.

사람들은 이런 그에게 싸늘한 냉기를 느꼈다. 그와 가까워지기가 정말 어려웠다. 결국 그의 결혼생활은 파탄에 이르렀고, 사업은 몇 차례의 위기를 겪으면서 재정적인 난관에 부딪쳤다.

그러나 그때 사탄의 견고한 진에 관해 잘 알고 있는 그리스도인들이 그에게 조언을 했다. 그는 자신의 이러한 증상들 저변에 내면의 불안함과 두려움이라는 영적인 견고한 진이 있다는 것과 그것이 유년기부터 구축되기 시작했다는 것과 주변 사람들과 환경을 뜻대로 통제하여 내면의 불안함과 두려움을 축소시키려고 열심히 일했다는 사실을 깨닫게 되었다.

제리는 자신이 하는 행동과 독립적인 태도의 근본 원인도 깨닫기 시작했다. 성령께서 그가 그때까지 살아오면서 사람들에게 지은 죄를 깨우쳐주셨을 때 그는 주변 사람들에게 용서를 구하면서 그간에 그들에게 진 마음의 빚을 갚아나갔다. 그는 인생의 우선순위를 바꾸어 하나님과의 관계와 가족들과의 관계를 더 깊이 발전시켜나가는 걸 제1순위로 삼았다. 그리고 가까운 친구들, 사업상으로 만난 고객들과의 관계를 발전시켜나가는 걸 그다음 순위로 삼았다.

그가 내면 깊은 곳에 세워져 있던 사탄의 견고한 진을 제거하자 하나님께서는 그가 하나님과도 다른 사람들과도 친밀하게 사귈 수 있다는 걸 보여주기 시작하셨다. 새사람이 된 그는 하나님과 친밀하게 사귀면서 편하고 자유롭게 동행하는 기쁨을 난생 처음 체험했다. 고아가 아닌 하나님의 자녀로서 하늘의 아버지와 관계 맺는 법을 배웠다.

그는 자신의 진짜 마음을 발견해나갔다. 현재 그는 삶의 모든 국면을 회복시켜주시는 하나님의 손을 목격하며, 일상적으로 체험하는 많은 부분에서 기적적으로 역사하시는 그분의 손에 관해 간증한다.

이 이야기 속의 제리가 바로 나다. 이런 내용으로 내 이야기를 할 수 있어서 기쁘다. 내가 우리의 삶을 괴롭힐 수 있는, 세대를 통해 전해지는 '불법'(iniquity)의 영향에 관해 말할 수 있는 건 직접 겪었기 때문이다(iniquity의 사전적 의미는 부당성, 부정, 죄, 악, 불의, 불법, 비행 등 다양하다. 이 단어에 해당하는 히브리어와 헬라어는 비슷하게 '악을 행하는 것, 하나님의 계명을 거스르는 것'을 뜻한다. 개역개정 성경은 '죄악'[시 25:11, 사 53:6], '죄'[출 20:5, 신 5:9], '불의'[호 12:8, 약 3:6], '불법'[마 7:23, 롬 6:19]으로 번역했는데, 저자는 '죄의 뿌리' 혹은 '동기'라는 의미로 사용했다).

세대를 통한 불법 처리하기

하나님께서는 우리가 인간으로서 필요한 일곱 가지를 지니도록 창조하셨다. 특히 창세기 처음 두 장의 행간에 담긴 뜻을 잘 읽어 보면 알게 된다. 그것은 존엄성, 권세, 축복과 공급, 안전, 목적과 의미, 자유와 한계, 친밀한 사랑과 교제이다.

우리가 하나님의 계획에서 벗어나 이것을 채우려고 애쓸 때마다 세대를 통해 전해지는 불법으로 우리 삶에 야기된 사탄의 견고한 진이 더 강하게 고착화될 수 있다.

성경은 세대를 통해 전해지는 불법에 관해 이렇게 말한다.

그것들에게 절하지 말며
그것들을 섬기지 말라
나 네 하나님 여호와는 질투하는 하나님인즉
나를 미워하는 자의 죄(iniquity, KJV, NKJV)를 갚되
아버지로부터 아들에게로 삼사 대까지 이르게 하거니와

신 5:9

때로 사람들은 '불법'(iniquity)과 '죄'(sin)를 같은 뜻으로 쓴다. 그러나 이 둘은 확실히 다르다. 불법은 죄의 이면에 있는 동기 혹

은 뿌리다. 위의 신명기 말씀대로 불법은 삼대나 사대까지도 내려갈 수 있다. 그래서 당신의 아버지가 알코올중독자인 경우에 당신도 알코올중독에 빠지기 쉬우니 조심하라고 일러주는 것이다. 불법은 죄와 사탄의 견고한 진이 우리의 삶에서 더 뿌리 깊게 자리 잡을 수 있게 한다.

그러므로 부모 세대나 그 윗세대의 불법에서 비롯되었을 수도 있는 죄들을 분별하여 처리해야 한다. 아래에 인용한 성경 구절은 부모나 그 윗세대의 불법을 우리 세대가 자백해야 할 필요성이 있다고 밝힌다. 그럴 때 용서와 치유와 회복을 얻을 수 있다. 그들의 불법을 우리가 회개하면 다음 세대가 똑같은 불법을 받지 않도록 막을 수 있다.

그들이 나를 거스른 잘못으로
자기의 죄악과 그들의 조상의 죄악을 자복하고
또 그들이 내게 대항하므로 나도 그들에게 대항하여
내가 그들을 그들의 원수들의 땅으로 끌어갔음을 깨닫고
그 할례 받지 아니한 그들의 마음이 낮아져서
그들의 죄악의 형벌을 기쁘게 받으면
내가 야곱과 맺은 내 언약과
이삭과 맺은 내 언약을 기억하며

아브라함과 맺은 내 언약을 기억하고

그 땅을 기억하리라

레 26:40-42

이제 종이 주의 종들인 이스라엘 자손을 위하여

주야로 기도하오며

우리 이스라엘 자손이

주께 범죄한 죄들을 자복하오니

주는 귀를 기울이시며 눈을 여시사

종의 기도를 들으시옵소서

나와 내 아버지의 집이 범죄하여

느 1:6

모든 이방 사람들과 절교하고 서서

자기의 죄와 조상들의 허물을 자복하고

느 9:2

세대를 통해 나타나는 불법의 문을 우리가 닫아야 하는 이유는 무엇인가? 하나님께서 자신의 사랑을 우리의 삶에 모자람 없이 풍성하게 부어주기를 원하시기 때문이다.

바울은 우리가 그러한 하나님의 사랑을 체험할 수 있도록 기도
했다.

그의 영광의 풍성함을 따라
그의 성령으로 말미암아
너희 속사람을 능력으로 강건하게 하시오며
믿음으로 말미암아
그리스도께서 너희 마음에 계시게 하시옵고
너희가 사랑 가운데서 뿌리가 박히고 터가 굳어져서
능히 모든 성도와 함께
지식에 넘치는 그리스도의 사랑을 알고

엡 3:16-18

나는 우리의 삶에 세대를 통한 불법이 사탄의 견고한 진을 낳는
다는 걸 깨달았다. 그것은 죄의 뿌리다. 그래서 나는 내 가족사를
면밀하게 조사했다.

할아버지와 아버지가 어떤 식으로 하나님과 가족들과 관계를
맺고 살았고, 일할 때는 어떤 습관을 갖고 있었는지 알아보려고
친척들을 만났다. 그 결과, 할아버지와 아버지가 나와 무척 비슷
했다는 걸 알게 되었다.

- 성취(지역 사회 활동, 스포츠, 사업 성공)를 통해 인정받으려는 욕구
- 금전적인 안정에 대한 강조(우리는 모두 일중독자들이었다.)
- 정서적 친밀함과 진실하게 살아가는 능력의 결여
- 성취와 행위를 토대로 하나님과의 관계를 다지려는 욕구
- 주변 사람들과 환경을 지나치게 통제하려는 성향
- 가까운 사람들에게 사랑한다고 말하거나 애정을 표현하지 못하는 태도

내게는 놀라운 발견이었다. 사탄의 견고한 진이 가족 삼대에 영향을 끼쳤다는 걸 생전 처음 알았기 때문이다. 그리고 그때 나는 그리스도의 능력을 통해 사탄의 견고한 진이 내 자녀 세대에까지 내려가지 않도록 하나님께서 기회를 주신 걸 깨달았다.

잠재의식을 지배하는 견고한 진

몇 해 전에 마켓플레이스 리더 재단(Marketplace Leaders Foundations, 저자가 설립한 단체)의 총회가 싱가포르에서 열렸다. 나는 총회에 참석한 사람들에게 사탄의 견고한 진에 관해 강연했다. 그런데 총회 순서가 끝난 뒤에 한 여성이 찾아와 자기 친구와

함께 점심을 대접하고 싶다고 했다. 그녀는 매우 공격적이었다. 나는 그녀의 다소 통통한 체형을 주목했다. 우리는 식당으로 향하여 자리를 잡았고, 그녀에게 내가 먼저 물었다.

"당신과 아버지의 관계가 어떤지 말씀해주실 수 있겠습니까?"

"왜 그런 게 알고 싶으신 거죠?"

"그냥 궁금해서요."

"별로 좋지 못했어요. 아버지는 제가 아무것도 할 수 없을 거라고 늘 말씀하셨거든요."

나는 그녀의 눈을 응시했다. 그리고 사탄이 구축한 거부당했다는 느낌의 견고한 진이 그녀의 삶에 작용하고 있다고 설명했다. 그녀는 아버지에게 인정받으려고 애쓰면서 인생을 살아가고 있었다. 그녀의 공격적인 성향과 성취욕은 성공을 통해 아버지에게 인정받으려는 욕구에 사로잡혀 있음을 나타내는 증세였다.

어떤 대가를 치르더라도 성공해야 한다는 잠재의식이 그녀를 지배하고 있었다. 심지어 그녀는 아버지에게 들었던 말 때문에 체중에 예민하게 신경을 쓰는 듯 보였다. 나는 그녀가 그리 뚱뚱한 편이 아닌데도 아버지에게 인정받으려고 몸에 무리가 됨에도 불구하고 과도하게 체중을 감량한 걸 알 수 있었다. 한마디로 그녀는 지극한 사랑으로 자기를 받아줄 아버지를 찾고 있었다.

그녀는 성취의 악령에 사로잡힌 노예로 살아가고 있었다. 그래서 나는 하나님께서 그녀를 있는 모습 그대로 사랑하신다고 말해주었다. 그날 점심 식사를 마쳤을 때 그녀는 하나님께서 있는 그대로 사랑해주신다는 확신을 갖고 새사람이 되어 식당을 나갔다.

보통 사탄의 견고한 진은 잠재의식 차원에서 작용하기 때문에 인생의 중대한 위기를 맞아서 그 고통의 근본 원인을 깊이 생각해보기 전까지는 알아차리기 어렵다. 나는 종교적인 태도의 한 가지 원인이 통제 욕구라는 걸 알았다.

인간은 삶을 통제하기를 포기하고 싶어 하지 않기 때문에 하나님께 사랑받는 것도 통제할 수 있는 자기 통제 시스템을 만들어낸다. 거듭 말하지만 이는 인간의 행위와 성취를 토대로 하나님의 은총을 얻으려는 시도로서 그리스도의 십자가 희생을 무효로 만든다. 일반적으로 사탄의 견고한 진은 한 사람의 삶에서 다음과 같은 순서로 나타난다.

1. 사탄이 어둡고 우울한 생각을 사람의 마음에 주입시킨다.
2. 그 사람은 그 생각을 마음에 받아들여 품고, 어둡고 우울한 감정에 빠진다.
3. 이런 감정에 굴복하여 마침내 어떤 행동을 하게 된다.
4. 그런 행동이 계속되면 습관이 된다.

5. 습관이 발전하면 사탄의 견고한 진이 구축된다.[7]

　당신이 선글라스를 끼고 태어났다고 상상해보라. 그것을 통해 세상을 보며 성장할 것이다. 그것을 벗으면 세상을 더 잘 볼 수 있지만 누군가가 깨우쳐주지 않으면 평생 모르고 살아갈 것이다. 이제 선글라스를 벗고 방 안에 있는 물건들을 더 밝고 선명하게 보는 걸 상상해보라. 사탄의 견고한 진은 그런 식으로 작용한다. 견고한 진이 마치 우리 인격의 참된 일부인 것처럼 가장하여 평생 동안 우리를 통해 작용한다.

　그러나 사탄이 우리 내면에 구축한 견고한 진은 우리 인격의 참된 일부가 아니다. 예수님은 우리의 생각과 마음을 다시 완전히 새롭게 해주기를 원하신다. 사탄의 견고한 진은 우리가 하나님께서 본래 의도하신 대로 자유롭게 살아가지 못하게 막는다.

속기 쉬운 거짓말

　오늘날 동성애 단체들이나 매체들이 대중을 상대로 선전하는 가장 큰 거짓말은 그들이 원래부터 동성애자로 태어났다고 말하거나 하나님께서 그들을 동성애자로 창조하셨다고 암시하는 것이다.

이러한 견고한 진의 이면에 있는 진실을 이해하고 나면 사탄에게 공격받고 있는 동성애자들이 그런 거짓말을 어떻게 자신들에 관한 진실로 어떻게 받아들였는지 이해하기가 쉬워진다. 또한 교회 안에 있는 많은 사람들도 이를 똑같이 받아들이게 된다.

오늘날 여기저기에서 동성애 운동가들의 합리화 논리가 들려온다. 그들은 동성애적 성향이 부모의 양육 방식과 부정적인 사회적 요인에 노출된 것과 유년기 상처의 영향으로 생긴 결과라고 인정하지 않는다. 원래부터 동성애자로 태어났을 뿐이라고 주장한다.

1988년 2월, 버지니아의 워런턴에서 개최된 한 모임에 175명의 동성애 운동가들이 참석했다. 하버드에서 공부한 신경정신과 학자인 마샬 커크(Marshall Kirk)와 하버드에서 박사 학위를 취득한 뒤에 설득 전략과 사회적 마케팅(social marketing, 기업의 이익과 소비자의 만족과 사회 복지의 균형을 도모하는 기업의 마케팅 전략) 전문가로 활동하고 있던 헌터 매드슨(Hunter Madsen)이 그 모임의 개최자였다.

그들은 공동으로 저술한 《After the Ball: How America Will Conquer Its Fear and Hatred of Gays in the 90's》(무도회가 끝난 뒤: 미국은 동성애자에 대한 1990년대의 두려움과 증오를 어떻게 정복할 것인가)에서 놀랍게도 다음과 같이 기술했다.

"대부분의 경우에 유년기와 초기 청소년기의 환경적인 요인과 선천적으로 타고난 성향 사이의 복잡한 상호 작용의 결과로 성적인 경향이 생겨난다. 그럼에도 불구하고 우리는 사실상 동성애자들이 원래부터 그렇게 태어났다고 보아야 한다."[8]

우리는 신학적 논의의 무기고에 더 많은 무기를 쌓아두고 그들과 논쟁하려고 이런 말을 적은 게 아니다. 동성애 성향이라는 삶의 방식에 예속된 사람들이 원래부터 그렇게 태어났기 때문이 아니라 삶의 상처 때문에 그렇게 되었다고 당신을 납득시키고 싶을 뿐이다.

저자로서 TV와 라디오뿐만 아니라 그리스도인들의 다양한 모임에서 강연 활동을 하는 고든 댈비(Gorden Dalbey)는 《Healing the Masculine Soul》(남성적인 영혼을 치유하기)에서 말한다.

"동성애 성향을 떨쳐내려고 몸부림치는 많은 남성들과 함께 기도하면서 그러한 갈등이 유년기의 정서적이고 영적인 깊은 상처들을 반영한다는 걸 알게 되었다. 대부분의 경우에 그러한 남성들의 아버지는 아들이 남자들과 어울리면서 남성의 정체성을 갖게끔 이끌어주지 못했다. 따라서 그 아이들이 자신들을 어머니나 여성과 동일시하는 걸 깨뜨리고 나오도록 돕지 못했다."[9]

내 친구 대니 월리스는 이전에는 동성애자였지만 하나님께서 그러한 삶의 방식에서 해방시켜주신 덕택에 지금은 거기에 빠져 있는 사람들이 자신들의 삶의 방식이 그렇게 된 원인과 본질을 이해할

수 있도록 도우면서 살고 있다.[10]

어떤 것을 둘러싸고 있는 진실을 이해하려면 그 어떤 것이 무엇인지를 먼저 정확하게 정의해야 한다. 교회 안에 있는 사람들은 동성애를 단순히 죄로만 간주한다. 반면 거의 대부분의 대중들과 세속 매체는 동성애를 태어날 때부터 유전자 암호에 기록된 또 하나의 삶의 방식으로 여긴다. 그래서 가면 뒤에 있는 진실을 알려면 더 깊이 들어가야 한다.

동성애는 원수 사탄이 하나님의 부르심을 받은 사람들을 합당한 길에서 이탈시키려는 하나의 수단이다. 그들의 미래의 정체성과 성생활을 왜곡시키려고 유년기부터 그들의 내면에 구축해온 견고한 진이다. 동성애 성향은 결코 십 대나 성인기에 시작되지 않는다. 그 뿌리는 언제나 훨씬 더 이른 시기로 거슬러 올라간다. 사탄의 기만은 우리가 자기 방어력을 갖고 있지 않은 시기, 즉 무방비 상태로 인격이 형성되는 유년기에 시작된다.

물론 우리가 어머니 배 속에 있을 때부터 사탄의 공격이 시작되는 건 아니다. 그러나 공격이 매우 이른 시기에 시작되기 때문에 동성애자 중 거의 대부분은 자신들이 원래 동성애자로 태어났다고 믿게 된다.

동성애는 성(性)에 관한 문제만은 아니다. 그것은 하나님께 기름부음을 받은 사람들을 겨냥한 빈틈없이 계획된 공격이다. 사탄은 하나님나라에서 큰 그릇이 될 수 있는 사람들의 합당하고 참된 미래의 삶을 아예 꺾어버릴 의도로 무방비 상태로 외부의 영향을 받기 쉬운 유년기 초기에 맹렬하게 공격한다.

이때의 남자아이에게는 여러 개의 문이 활짝 열려 있다. 그 아이는 삶의 다양한 영역에서 많은 문을 열고 들어간다. 그런데 그 문 앞에서 남성 권위자(아이의 아버지)가 무조건적인 사랑과 희망과 격려의 말을 건네지 않으면 그때부터 아이는 사탄의 공격을 무차별적으로 받게 된다.

당신이 사랑의 소명을 악용하여 주변 사람들의 죄를 캐내는 참된 그리스도인을 내게 보여줄 수 없듯이, 나도 유년기 초기에 육신의 아버지에게 애정을 듬뿍 받으며 자란 남성 동성애자를 보여줄 수 없다. 아버지가 유년기 아들의 마음을 세심하게 돌보면서 사랑으로 양육하면 그 아들이 나중에 동성애자가 되는 일은 절대 일어나지 않는다.

사탄이 일단 그 남자아이를 공격하기 시작하면 씨가 뿌려진다. 그러면 사탄은 아이가 사춘기를 지날 때까지 계속 물을 주어 그 씨앗이 기만의 나무로 자라 깊이 뿌리를 내릴 수 있게 한다. 그리고 그 나무에서 동성애적 징후의 잎이 돋아나기 시작하면 주변 사람들은 성인의 몸에 갇혀서 남성이 말해주는 긍정의 말과 사랑을 갈망하는 한 아이를 마주하게 된다.

사탄은 그 아이가 갈망하는 긍정과 사랑은 어디에서도 절대 오지 않을 거라고 말하는 듯 아이의 동성애적 징후를 계속 부추긴다. 그러면 그럴수록 그 아이는 그것을 떨쳐내려고 몸부림친다. 그러나 이러한 견고한 나무가 서 있는 흙 속에 기름부음 받은 손을 넣어 뿌리를 뽑아내야 할 사람들은 따버리기가 무섭게 다시 자라나는 그 아이의 동성애적 징후의 나뭇잎들을 보면서 잔소리를 하느라 바쁘다.

그들은 이런 동성애적 징후가 옳지 않다고 단언해야 한다고 많은 그리스도인들에게 강하게 말한다. 우리는 "죄는 미워하되 죄인은 사랑하라"라는 격언을 자주 사용한다. 우리는 그것이 예수님의 말씀이라고 여긴다. 그러나 원래 그 말을 한 사람은 인도의 민족운동 지도자인 간디다. 예수님은 성경 어디에서도 그것이 우리의 소명이라고 말씀하지 않으셨을 뿐 아니라 자신의 임무라고 선언하지도 않으셨다.

'진리'와 '사랑' 양쪽 중에서 어느 한쪽만 강조하면 상대적으로 다른 한쪽은 덜 중요한 듯 보인다. 그래서 동성애라는 사탄의 견고한 진을 맹습하는 것과 관련하여 우리가 현재 직면하고 있는 상황이 이상하게 받아들여진다.

만약에 "죄는 미워하되 죄 지은 사람은 사랑하자"라는 방식이 지금까지 동성애자들에게 효율적으로 적용되었다면 참된 자유를 얻은 이들이 분명히 있어야 할 텐데 왜 우리 눈에는 한 명도 보이지 않는 걸까? 사랑과 진리를 분리하는 운동 덕택에 자유를 얻은 사람이 있으면 손을 들어보라. 우리는 그들의 숫자를 헤아리면서 기뻐할 수 있을까? 결과가 모든 걸 말해준다.

지금까지 우리는 그러한 방식으로 동성애자들에게 자유를 선사하지 못했다. 사탄이 붙인 엄청난 불길에 단지 휘발유를 부어댔을 뿐이고, 동성애자들에게 사랑보다는 종교적인 마음을 보내 그 화염에 부채질을 했을 뿐이다(교회가 동성애를 절대 용서하지 못할 죄로 정죄하는 대신에 사탄의 견고한 진과 하나님의 지극하신 사랑과 관련된 진리를 명확하게 밝혀서 그러한 삶의 방식에 갇힌 사람들을 회복시켜주고 치유해주자는 뜻으로 이해된다 - 역자 주).

남성 동성애자를 뜻하는 영어 단어인 '게이'(gay)는 '행복한, 즐거운'이라는 의미를 갖고 있다. 그 단어는 태어날 때부터 동성애자인 사람들이 있다는 입장을 정당화하려고 사탄이 다시 고쳐 쓴 언어다. 너무나 끔찍한 나머지 정면으로 마주하기 어려운 처지를 인정받으려면 먼저 쟁점을 둘러싸고 있는 언어를 다시 정의해야 한다. 그러나 나는 동성애적 성향의 삶을 살았던 적이 있는 사람으로서 분명하게 말할 수 있다. 그런 삶은 어떤 의미로도 결코 행복하지 않다고.

나는 동성애의 고통을 잘 알고 있다. 그 가면 뒤에서 살아보았고, 그 문제를 다루는 사람들에게 알려진 모든 논점에 관해 들어보았기 때문이다. 그들은 그러한 삶의 방식을 인정받으려고 애쓰거나 아니면 회복이나 치유와 거의 무관한 종교적 발판 위에서 자신들의 입장을 주장하거나 둘 중 하나다. 어느 쪽이나 그릇되기는 마찬가지다.

동성애가 무엇인지 이해하지도 못할 정도로 이른 나이의 어린아이들의 마음에 동성애의 씨앗을 뿌려서 그 어린 영혼들을 장악할 때보다 사탄의 잔혹성이 더 흉포해지는 때는 없다. 그러므로 사탄이 성대한 가면 무도회장 안에 귀한 어린 생명들을 가두고 자행한 짓을 성령의 기름부으심을 받은 우리가 명확히 이해해야 한다. 그리고 그들을 해방시키기 위해 하늘 아버지의 지극하신 사랑의 열쇠를 갖고 그들에게 손을 뻗을 때 그들은 참된 자유를 얻을 것이다.

부모가 해주는 축복의 힘

어떤 사람이 유년기에 받은 상처 때문에 마음의 장애를 일으킨 경우, 그의 삶은 다음 세대에도 비정상적인 영향을 미친다. 부모의 이혼이 그 원인이 될 수 있다. 이런 순환의 어느 지점에서 누군가가 고리를 끊지 않으면 비정상적인 행태가 더욱 많이 나타날 것이고, 마침내 우리 사회는 로마제국처럼 안에서부터 와해될 것이다.

만약 오늘날 미국 사회의 이혼율이 50퍼센트 이상이 아니라 3퍼센트 이하라면, 우리는 동성애자들의 인권을 둘러싼 쟁점을 놓고 서로 다투지 않아도 될 것이다. 왜냐하면 사탄의 견고한 진에 공격받은 어린이들의 숫자가 지금보다 훨씬 더 적어질 것이기 때문이다. 그러나 단순하게 외형적으로 결혼생활을 지속하는 것만으로는 충분하지 않다.

우리는 하늘 아버지께서 우리 자녀들을 부족함 없이 사랑해주신다는 걸 자녀들에게 알려줘야 한다. 오늘의 교회는 동성애자 문제와 관련하여 잘못된 싸움을 하고 있다. 교회는 사람들의 결혼생활을 건강하게 유지시키는 데 초점을 맞추어야 한다. 그것만이 동성애자 문제에 대한 유일한 해결책이다.

왜냐하면 현재 동성애라는 사탄의 견고한 진에 갇힌 모든 사람들이 어린 시절에 마음을 크게 다쳐서 사랑받고 받아들여지기를 갈망하는 자녀들이기 때문이다. 그들은 사회가 그들을 거부한다고 느낄수록 더 과격하게 나간다. 예수 그리스도의 사랑만이 결혼생활과 개인을 치유할 수 있다. 거부당한 적이 있는 마음은 언제나 누군가에게 받아들여지기를 갈망한다.

몇 해 전, 어린 시절에 여자아이들의 장난감을 갖고 놀던 한 사내아이가 커서 결국에는 여성적인 성향을 보였다는 내용의 다큐멘터리가 방송된 적이 있다. 동성애 운동가들은 그 다큐멘터리가 일으킨 여파에 편승하여 대대적으로 선전했다.

"보세요! 그 아이는 그렇게 태어난 겁니다!"

이 말에는 하나님께서 그런 식으로 아이를 만드신 거라는 뜻이 담겨 있었다. 그러나 그것은 틀린 결론이다. 어쩌면 그 아이는 그런 식으로 태어났을지 모른다. 그러나 하나님께서 그 아이를 그런 식으로 만든 건 분명히 아니다. 그 아이가 그런 행동을 보인 이유는 세대를 통해 전해지는 불법에서 그 원인을 밝혀낼 수 있을 것이다.

크레이그 힐은 《The Power of a Parent's Blessing》(부모가 해주는 축복의 힘)에서 이야기 한 토막을 전한다. 부모 세대의 불법이 자녀 세대에 실제로 어떻게 전해지는지 한 아이를 통해 보여주는 이야기다. 부모가 자녀에게 해주는 축복이 자녀의 삶에 얼마나 큰 영향을 끼치는지 알고 싶다면 그 책을 꼭 읽어보라.

다음은 내가 여섯 살짜리 아들을 둔 수잔이라는 여성을 만나서 직접 겪은 이야기다.

강한 자의 원리

몇 해 전, 나는 '고대의 길 체험'(Ancient Paths Experience)이라는 모임을 이끌고 있었다. 휴식 시간에 수잔이라는 여성이 나를 찾아와 여섯 살짜리 아들 때문에 걱정이 이만저만이 아니라고 토로했다. 그녀는 아이가 비정상적인 방식으로 성적 욕정에 사로잡혀 있다고 수심 가득한 얼굴로 말했다. 아이는 입만 열면 음란한 말을 내뱉고, 최신 음담패설을 모두 다 알고 있으며, 자기가 발견해낼 수 있는 모든 포르노를 섭렵했다.

"그중에서도 최악은…."

그녀가 당혹스러운 표정으로 말했다.

"보름 전 어느 날, 아들과 생후 18개월 된 딸을 방에 남겨놓고 잠깐 마당에 나간 적이 있었어요. 3분도 지나지 않아서 방으로 돌아와보니 아들이 옷을 다 벗고 여동생과 성관계를 흉내 내고 있는 게 아니겠어요? 정말 무섭고 끔찍했어요. 여섯 살짜리 아이가 그런 걸 알고 있다는 것도 비정상인데, 여동생을 상대로 그런 짓을 하려고 하다니 기가 막혔어요."

그녀가 흐느끼며 말했다.

"대체 어디에서 그런 생각과 행동을 배운 건지 정말 모르겠어요. 제가 알고 있는 한 제 아들은 그런 생각을 갖고 있거나 그런 짓을 하는 사람들 근처에도 가본 적이 없어요. 남편과 저는 아이가 어떤 유형의 아이들과 어울리는지 유심히 지켜봐요. 그 아이는 성적으로 학대를 당한 적도 없어요.

요즈음 아들의 친구들의 부모들이 자신의 아이들을 아들과 어울리지 못하게 해요. 어떻게 해야 좋을지 모르겠어요. 아이가 늘 저를 당혹스럽게 해서 어디에 데려가지도 못하겠어요. 사람들이 많은 데서 돌발적으로 무슨 말을 하고, 어떤 행동을 할지 예측할 수 없어요. 집에 있을 때도 여동생에게 또 그런 행동을 할까 봐 걱정스러운 마음에 한시도 눈을 뗄 수가 없어요. 기도도 해보고, 정신과에도 데려가보고, 남편과 제가 알고 있는 모든 걸 다 해보았지만 별로 도움이 되지 않았어요."

그녀가 아들의 행동에 대해 내게 말할 때 그녀가 소속한 교회 목회자도 내 옆에 같이 앉아 있었다. 그는 그 아이의 상태가 그녀가 묘사한대로 심각하다는 것과 그들 부부가 아이의 행동을 교정해주려고 온갖 노력을 다 했다는 걸 확인해주었다. 나는 그녀를 위한 해답을 갖고 있지 않았다. 그래서 기도하자고 제안했다. 그리고 우리가 주님 앞에 고개를 숙였을 때 그녀에게 몇 가지 질문을 하라고 주님이 나를 이끄시는 게 느껴졌다.

"그 아이의 삶의 시초부터 시작해봅시다. 아들을 어떻게 임신하게 되었는지 말해줄 수 있습니까?"

그녀는 몇 초 동안 침묵했다. 굵은 눈물 줄기가 그녀의 볼을 타고 흘러내렸다. 잠시 후에 그녀가 말했다.

"당시에 저는 하나님과 동행하고 있지 않았어요. 솔직히 제 인생의 그 시기에 욕정으로 가득 찬 부도덕한 삶을 살고 있었어요. 기억나는 대로 최대한 자세히 말씀드리면 그 아이를 임신하던 날 밤에 몇 명의 남자들과 성관계를 가졌고, 그중에 누가 그 아이의 아빠가 되리라고는 생각조차 하지 않았어요. 그렇게 3개월가량 살다가 제 인생을 예수님께 드렸어요. 이후로 저는 주님과 동행했고, 성적으로 부도덕한 짓은 다시는 저지르지 않았습니다. 저는 미혼모로 그 아이를 낳았고, 그 뒤에 지금의 남편을 만났어요. 신앙심이 돈독한 사람이었어요. 우리는 결혼을 했고, 이후부터 지금까지 주님을 섬기면서 살고 있습니다."

그녀가 이런 정보를 전해주는 동안 주님이 내 마음에 아주 이상한 생각을 넣어주셨다. 그녀가 임신한 순간에 아이에게 성적 욕정의 악령이 들렸을지도 모른다는 생각이었다. 아이의 충격적인 행동은 그의 삶을 지배하는 악한 영의 영향의 결과일 수 있었다. 전에는 단 한 번도 그런 가능성에 대해 생각해본 적이 없었다. 그러나 그녀와 그녀의 목회자에게 그런 생각을 말해야 한다는 강한 느낌이 왔다. 마침내 그들에게 내 생각을 전하자 그녀가 걷잡을 수 없이 흐느끼기 시작했고, 극도의 죄책감에 괴로워했다.

"말씀을 들어보니까 정말 그런 것 같아요!"

그녀가 눈물을 쏟아내면서 말했다.

"여기에 아들을 데리고 왔나요?"

내가 물었다.

"아뇨, 아빠와 집에 있어요."

그녀가 대답했다. 그리고 이어서 내게 물었다.

"이제 저는 어떻게 해야 하나요? 과거에 성적(性的)으로 지은 부도덕한 죄들은 이미 회개했어요. 하지만 제 아들을 그 욕정의 악령으로부터 해방시켜주려면 어떻게 해야 할까요?"

나는 '강한 자 원리'(마 12:29, 눅 11:21,22)를 그녀와 그녀의 목회자에게 설명했다. 또한 어떤 여성이 결혼생활이라는 영적 보호의 울타리 밖에서 아이를 임신하면 악한 영들의 세력으로부터 그 아이를 보호할 방법이 없다고도 말했다.

문을 닫을 수 있는 권세

결혼 서약이 바로 어머니 태 속에 있는 아기에게 악한 영이 접근하지 못하게 막아주는 보호의 울타리다. 그녀도 그녀의 교회 목회자도 전에 이런 진리를 들은 적이 없는 듯했다.

나는 그녀가 강한 자이므로 사탄이 그녀의 어린 아들을 해하려고 먼저 그녀를 죄로 결박했던 거라고 설명했다. 그녀가 과거에 욕정으로 가득 차 살았을 때 악한 영이 아들의 삶에 침투하도록 스스로 문을 열어준 거라고 알려주었다. 그렇게 모질게 말한 이유는 보통 좋은 소식은 나쁜 소식의 영향력을 직접 체험할 때 비로소 좋은 소식이 될 수 있기 때문이었다.

그리고 그녀가 과거에 엄마로서 악한 영이 아들의 삶에 들어오도록 문을 열어주는 권세를 갖고 있었지만, 이제는 예수 그리스도를 믿는 신자로서 그 문을 닫을 수 있는 권세를 갖고 있다고 말했다. 그 권세로 아들 안에 있는 악한 영을 향해 당장 나가라고 명령할 수 있다고 설명했다.

그런 다음 혹시 악한 영에 들린 사람을 해방시켜준 적이 있냐고 교회 목회자에게 물었다. 그는 고개를 끄덕였다. 그래서 그녀에게 남편과 같이 아들을 목회자 집무실로 데려가 다음의 일곱 가지 조치를 취하라고 지시했다.

1. 그녀의 삶에 여전히 있는 욕정, 성적 부도덕, 음행이라는 불법을 버릴 것.
2. 과거 욕정에 예속된 삶을 살면서 악한 영이 아들의 삶에 들어오게 문을 열어주었지만 이제 그 문이 닫힐 수 있도록 기도할 것.

3. 예수 그리스도께서 우리의 모든 죄와 불법을 짊어지려고 죽으셨으므로(사 53:4-6) 욕정이라는 불법에 예속되었던 과거에 대해 죄책감을 갖지 말 것.

4. 아들의 인생을 지배하는 그 불법의 힘을 없애달라고 기도할 것.

5. 하나님의 자녀들이 성적, 정서적 순결의 축복을 누릴 수 있도록 예수님이 십자가에서 대가를 지불하셨으므로 아들의 삶에 있는 욕정이라는 불법을 축복으로 교환해달라고 기도할 것.

6. 그리스도 안에서 그녀가 갖고 있는 권세를 적극 행사하여 아들에게서 즉시 나가서 예수 그리스도께서 보내시는 곳으로 가라고 욕정의 악한 영에게 강한 자로서 명령할 것.

7. 아들에게 충만하게 임하여 달라고 성령께 간청할 것.

그녀와 교회 목회자는 그다음 주에 바로 그런 모임을 갖겠다고 약속했다. 그로부터 몇 개월이 지난 뒤에 그리스도인들의 또 다른 모임에서 강연을 하려고 그 도시에 갔다. 강연 순서가 끝나자마자 어떤 여인이 한 아이를 데리고 잔뜩 흥분한 얼굴로 달려왔다.

"저를 기억하시겠어요?"

그녀가 흥분된 어조로 물었다. 얼굴만 보고는 누구인지 알 수가 없었다. 그 무렵에 많은 모임에서 강연을 하면서 수많은 사람들을 만났다. 하지만 그녀가 자신의 사연을 설명하기 시작하자

바로 기억이 났다.

"선생님이 지시하신 그대로 했어요."

그녀가 말했다.

"남편과 함께 아들을 데리고 목사님의 집무실로 찾아가서 선생님이 개요를 잡아주신 일곱 가지 조치를 차례대로 이행했어요. 그런데 아들에게서 나가라고 욕정의 영에게 명령하는 단계를 수행했을 때 그것이 정말 아이에게서 떠났고, 아이의 표정이 완전히 달라진 걸 목격할 수 있었어요."

그녀는 눈물을 터트렸다. 그러고는 옆에 있던 아이를 두 팔로 번쩍 안으면서 말했다.

"제 아들을 다시 찾았어요. 이 아이가 그 애예요. 이제야 보통 여섯 살짜리 꼬마가 되었어요. 지금 정말 순수해요. 음담패설을 더 이상 기억하지 못하고, TV에서 그런 말을 들어도 무슨 뜻인지 몰라요. 우리가 악한 영에게 '이 아이에게서 떠나라'라고 명령했을 때 정말로 그런 일이 일어났고, 아이는 어둠에서 빛으로 나온 것처럼 바로 변화되었어요. 표정은 물론이고 말과 행동도 즉각 바뀌었어요. 정말 감사드려요!"

그녀는 그간의 일을 내게 전하며 말로 다할 수 없는 기쁨에 도취된 나머지 몹시 흥분했고, 아들을 해방시켜주신 주님께 계속 감사드렸다. 그녀가 마지막으로 말했다.

"아들에게 그런 일이 일어나지 않고, 욕정이라는 불법에 예속되었던 제 과거의 삶이 아들에게 어떤 영향을 끼치는지 직접 제 눈으로 보지 않았다면 아이가 엄마의 배 속에 잉태되는 순간에 악한 영에 들릴 수 있다는 걸 믿지 않았을 거예요."

자녀를 위한 문지기

내가 수잔을 만나서 겪은 일들은 세상의 모든 부모들이 자녀의 삶을 지키는 문지기로서 혹은 자녀들 삶의 '강한 자'로서 주님께 막중한 책임을 부여받았다는 걸 내게 극적으로 입증해주었다. 이후로 나는 유사한 상황에 처한 다른 가족들을 많이 만나보았다.

어떤 여성이 결혼 서약을 하지 않고, 즉 적법한 혼인 관계가 아닌 상태로 아이를 임신하는 경우에 그 아이는 악한 영의 영향을 받기 쉽다. 그래서 동성애적 삶의 방식에 예속된 사람들이 자신들이 그런 느낌과 정체성을 갖고 태어났다고 확신 있게 말하는 이유가 무엇인지 이해할 수 있었다. 이전까지 나는 신자로서 그들이 동성애적 정체성을 가졌을 리가 없으며, 유년기의 특정 시점에 상처 받은 결과로 그런 정체성을 갖게 됐을 거라고 생각했다.

내가 돌보던 동성애적 정체성을 가진 한 청년에게 언제부터 그렇게 되었는지를 묻자 그가 대답했다.

"태어날 때부터 그랬던 것 같아요."

하지만 그와 함께 기도하던 중, 그가 그런 정체성을 갖고 태어났지만 그런 식으로 창조된 건 아니라고 주님께서 말씀하시는 걸 분명히 들었다. 그의 부모가 미혼인 상태에서 그를 임신했고, 그 과정과 임신 기간 동안에 보호의 영적 울타리를 쳐주지 못했기에 그가 어머니의 태 속에서 성적으로 사악한 영에 들린 거였다.

나는 청년의 동성애적 정체성이 어디에서 유래되었는지 알고 난 뒤에 그를 이전보다 더 잘 돌볼 수 있었다. 그가 동성애 성향에서 해방과 자유를 얻을 수 있도록 더 효율적으로 도와줄 수 있었다. 그리고 그의 삶에서 일어났던 것과 동일한 시나리오가 여러 사람들의 삶에서 되풀이되는 걸 지켜보았다. 그리고 아기가 잉태될 때 부모의 적법한 결혼 서약으로 영적 보호의 울타리 안에서 축복받는 게 매우 중요하다는 걸 알게 되었다.[11]

1998년, 프라미스 키퍼스(Promise Keepers, 1990년대 미국에서 남성들이 하나님 앞에서 영적, 도덕적, 윤리적, 성적 순결을 서약한 모임)의 창립자이며 회장인 빌 매카트니(Bill McCartney)는 오순절 교단의 정기간행물의 책임 편집자인 릭 노스(Rick Knoth)와의 인터뷰를 통해 자체적으로 실시한 여론 조사에서 포르노, 간통, 음탕함 같은 성적인 죄를 떨쳐내려고 몸부림친다고 인정한 그리스도인들이

62퍼센트에 달한다고 밝혔다.

어떻게 그런 현상이 일어날 수 있는 것일까? 그리스도인들이 하늘의 아버지와 친밀한 교제를 하고 사랑하기 때문이 아니라 자신들을 위해서 무엇이든 해주실 수 있기 때문에 귀하게 여길 때, 하나님과의 관계를 누리려고 힘쓰기보다 자신들의 이기적인 욕망을 채우려고 애쓰게 된다. 그리고 그들의 마음에 뚫려버린 텅 빈 공간을 채우려고 권력과 재산, 지위와 신분과 평판, 성취와 욕정 같은 것에 몰두하면서 위로나 정체성을 탐색한다.

이러한 악순환은 그들이 열망하는 것들이 그들을 결코 만족시켜주지 못하고, 사랑과 친밀함을 향한 그들 내면의 깊은 갈망이 오로지 하늘 아버지의 따스한 포옹으로 채워질 수 있다는 걸 스스로 깨달을 때까지 계속된다.[12]

견고한 진을 버리고 떠나기

우리 가운데 많은 이들이 세대를 통해 전해지는 불법의 영향을 받아 사탄의 견고한 진에서 벗어나려고 몸부림치고 있다. 하나님께서는 우리가 사탄의 견고한 진에 계속 지배를 당하거나 다른 사람들의 삶에 그것을 구축하기를 결코 원하지 않으신다.

지금 사탄의 견고한 진 아래서 살아가고 있다면 그것을 버리게 해달라고 간절히 기도하고, 그것에 지배를 당하면서 행한 일들을 회개하라. 또한 하나님과 다른 사람들의 용서를 구하고, 그것이 다시 당신의 삶에 들어오려거든 강력하게 거부하기를 바란다.

하나님의 능력을 받아 그것을 버려라. 옳지 못한 태도로 행동하려는 유혹이 들 때 민감하게 반응하여 물리칠 수 있게 해달라고 그분께 구하라. 성령 하나님의 능력으로 당신을 새롭게 채워달라고 기도하여 자유를 얻어라.

사탄의 견고한 진에 영향을 받은 사람을 만나면 가장 먼저 기도하라. 지혜와 사랑을 달라고, 그 사람을 자유롭게 해방시켜달라고 구하라. 만약에 그가 당신의 마음을 아프게 하면 기꺼이 용서하여 그의 행동이나 태도에 지배당하지 않도록 하라. 그가 감옥에 갇혀 있고 당신이 기도를 통해 그 감옥 문을 열어줄 수 있다고 생각하라. 예수 그리스도께서 이 땅에서 살아가신 삶과 보여주신 모범에 뿌리를 내린 진정한 믿음으로 하루하루를 살아가라.

그리고 무엇보다 로마서 12장의 말씀대로 당신의 마음을 새롭게 함으로써 계속 변화를 체험하라.

너희는 이 세대를 본받지 말고
오직 마음을 새롭게 함으로 변화를 받아

하나님의 선하시고 기뻐하시고

온전하신 뜻이 무엇인지 분별하도록 하라

내게 주신 은혜로 말미암아 너희 각 사람에게 말하노니

마땅히 생각할 그 이상의 생각을 품지 말고

오직 하나님께서 각 사람에게 나누어주신

믿음의 분량대로 지혜롭게 생각하라

롬 12:2,3

그것이야말로 하나님으로부터 오지 않은 일체의 영적 영향에 대비하는 최선의 보험이다. 성령의 능력을 통해 하나님과의 관계를 튼튼하게 발전시켜나가면 사탄이 당신의 삶에서 자행하려는 파괴 행위를 거부할 수 있는 능력뿐만 아니라 일터나 학교나 이웃의 가까운 사람들에게 하나님나라를 가져다줄 수 있는 능력도 받게 될 것이다.

내 견고한 진 발견하기 ···

우리는 사탄의 견고한 진에 영향받았던 삶을 회개하고 자유를 얻어야 한다. 일단 뒤에 제시한 '사탄의 견고한 진과 그 증세'를 이용하여 당신 삶의 어떤 영역에 사탄의 견고한 진이 세워져 있는지 분별하라.

기혼자들은 배우자와 의논하지 말고 서로 떨어져서 서로의 점수를 대신 매겨준 다음에 그 결과를 나누라. 이것은 우리 삶의 다양한 영역을 나타내는 총 15개 항목으로 구분되어 있고, 각 항목에 적게는 4개, 많게는 10개까지 세부 항목이 나열되어 있다. 그 항목에 내가 얼마나 해당되는지 최저 점수 0점에서 최고 점수 10점까지 매기고, 그 점수를 합산한 총점을 항목 수로 나누면 그 항목에 대한 평균 점수가 나온다.

어떤 항목의 평균 점수가 0점이면 삶의 그 영역에 사탄의 견고한 진이 전혀 세워져 있지 않다고 보면 되고, 평균 점수가 10점이면 사탄의 견고한 진이 가장 단단하게 세워져 있다고 보면 된다. 이렇게 해서 당신 삶의 어떤 영역에 사탄의 견고한 진이 어느 정도로 세워져 있는지 발견하면 다음과 같이 기도하라.

견고한 진에서 해방되기 위한 기도 · · ·

하늘에 계신 아버지, 예수님 이름으로 아버지 앞에 나아갑니다. 예수님이 제 삶에 있는 사탄의 견고한 진을 파괴하려고 십자가에서 흘리신 피로 말미암아 아버지께서 제게 능력을 주셨다는 것을 알고 있습니다. ＿＿＿＿＿＿＿ (당신의 죄를 여기에 나열하라). 죄가 제 삶에 들어오도록 제가 발판을 마련했다는 사실을 자백합니다.

　그러나 이제 아버지의 말씀을 따라서 예수 그리스도의 이름의 권세를 힘입어 ＿＿＿＿＿＿＿ 라는 사탄의 견고한 진을 버립니다. 이전에 제가 사탄에게 넘겨주었던 땅을 이제 아버지의 능력을 통해 회수하겠습니다. 아버지의 성령에 대한 순종과 신뢰로 저를 충만하게 채워주셔서 제 삶의 이런 영역을 그리스도의 모습에 일치시켜 나갈 수 있게 해주소서. 예수님의 이름으로 기도드립니다. 아멘.

사탄의 견고한 진과 그 증세 ···

아래 15개의 항목에 당신이 얼마나 해당되는지를 최저 점수 0에서 최고 점수 10까지 매기고, 총점을 항목 수로 나누어 항목의 평균 점수를 산출하라. 어떤 항목의 평균 점수가 0점이면 당신 삶의 그 영역에 사탄의 견고한 진이 전혀 세워져 있지 않다고 보면 되고, 평균 점수가 10점이면 사탄의 견고한 진이 가장 단단하게 세워져 있다고 보면 된다.

1. 기만

    1) 거짓말 _____ 점

    2) 공상 _____ 점

    3) 망상 _____ 점

    4) 합리화 _____ 점

    5) 잘못된 교리, 성경의 오용 _____ 점

    평균 점수: _____ 점

2. 무감각함과 기도하지 않음

    1) 냉담한 마음, 하나님께 멀리 떨어져 있는 것 _____ 점

    2) 산란스러운 마음 _____ 점

    3) 영적으로 눈이 먼 것 _____ 점

4) 게으름 _____ 점

5) 기만당한 자기 평가 _____ 점

평균 점수: 점

3. 성적 불결

1) 욕정 _____ 점

2) 성적으로 유혹하는 힘 _____ 점

3) 자위행위 _____ 점

4) 간통, 혼전 성관계 _____ 점

5) 배우자와 성행위시 불감증 _____ 점

6) 동성애 성향 _____ 점

7) 포르노 관람 _____ 점

평균 점수: 점

4. 혼란(의심과 불신앙)

1) 의심 _____ 점

2) 걱정 _____ 점

3) 우유부단 _____ 점

4) 회의적 태도 _____ 점

5) 변덕 _____ 점

평균 점수: 점

5. 교만

1) 허영심 _____ 점

2) 독단적 태도 _____ 점

3) 자기중심성 _____ 점

4) 다른 사람에 대한 무관심 _____ 점

5) 물질주의 _____ 점

6) 출세욕 _____ 점

평균 점수: _____ 점

6. 반항

1) 고집 _____ 점

2) 완고함 _____ 점

3) 자주 토라짐 _____ 점

4) 갈등을 빚음 _____ 점

5) 파벌을 일으킴 _____ 점

6) 분열을 일으킴 _____ 점

7) 논쟁을 낳는 분노 _____ 점

8) 독립적인 태도 _____ 점

9) 남의 말을 잘 듣지 않음 _____ 점

평균 점수: _____ 점

7. 고립과 이혼

    1) 다른 사람에 대한 무관심 _____ 점

    2) 외로움, 남들과 거리를 둠 _____ 점

    3) 매사를 독단적으로 결정함 _____ 점

    4) 세상을 등짐 _____ 점

    5) 핑계를 댐 _____ 점

    6) 타인에 대한 불신 _____ 점

    7) 순교자 콤플렉스(피해 의식) _____ 점

    평균 점수: ▨▨▨▨ 점

8. 비통함

    1) 적대감 _____ 점

    2) 인종차별 _____ 점

    3) 용서하지 않음 _____ 점

    4) 분노와 증오 _____ 점

    5) 폭력성 _____ 점

    6) 복수심 _____ 점

    평균 점수: ▨▨▨▨ 점

9. 압박감

1) 의기소침 _____ 점

2) 절망 _____ 점

3) 자기연민 _____ 점

4) 외로움 _____ 점

5) 자백하지 않은 죄 _____ 점

6) 자살 충동 _____ 점

평균 점수: ▨▨▨▨ 점

10. 통제

1) 주변 사람들과 상황을 조종하려는 태도 _____ 점

2) 내가 세상의 중심이 되려는 태도 _____ 점

3) 다른 사람을 믿지 않음 _____ 점

4) 다른 사람에 대한 무관심 _____ 점

5) 인정받으려는 욕구 _____ 점

6) 폭력성 _____ 점

평균 점수: ▨▨▨▨ 점

11. 거절감

1) 중독적인 행동 _____ 점

2) 충동적인 행동 _____ 점

3) 인정받고 싶은 마음 _____ 점

4) 나는 아무 가치도 없다는 생각 _____ 점

5) 금단 증세 _____ 점

평균 점수: _____ **점**

12. 우상숭배

1) 좌절 _____ 점

2) 절망 _____ 점

3) 이기적 욕심 _____ 점

4) 금전 문제 _____ 점

5) 그릇된 목표와 결정 _____ 점

6) 속내를 감추고 사는 것 _____ 점

7) 무감각 _____ 점

평균 점수: _____ **점**

13. 질투

1) 앙심 _____ 점

2) 비방과 중상 _____ 점

3) 배신 _____ 점

4) 비판적인 성격 _____ 점

5) 판단하는 태도 _____ 점

6) 의심하는 태도 _____ 점

평균 점수: _____ **점**

14. 두려움과 불안

1) 열등감 _____ 점

2) 나는 부적당한 존재라는 느낌 _____ 점

3) 소심함 _____ 점

4) 하나님이 아니라 사람들을 기쁘게 하려는 것 _____ 점

5) 다른 사람들을 믿지 않는 태도와 걱정 _____ 점

6) 여러 가지 공포증 _____ 점

7) 완벽주의 _____ 점

8) 실패에 대한 두려움 _____ 점

9) 실패가 두려워 목표를 설정하지 못하는 태도 _____ 점

10) 수다, 지나치게 말이 많음 _____ 점

평균 점수: ▨▨▨▨ 점

15. 신앙

1) 형식적 종교 행위 추구 _____ 점

2) 영적 능력의 부재 _____ 점

3) 영적으로 눈이 멈 _____ 점

4) 위선적 태도 _____ 점

평균 점수: ▨▨▨▨ 점

결심의 기도 • • •

이제 하나님의 뜻을 모자람 없이 깨닫고 하나님의 뜻을 행하기로 결심하기 위해서 주 예수 그리스도의 이름과 권세로, 예수님의 이름 안에서, 예수님이 십자가에서 흘리신 피를 힘입어 ＿＿＿＿＿＿ (위의 표에서 알게 된 당신의 죄들을 여기에 열거하라) 죄를 버리고 떠나겠습니다. 하늘의 보좌에 그리스도와 함께 앉아 계신 하나님의 자녀로서 주 예수 그리스도의 모든 원수들을 결박해야 한다는 것에 찬성합니다. 예수님의 이름으로 기도드립니다. 아멘.

Overcoming
Hindrances to
Fulfilling Your Destiny

• • • • • •

* 이 자료는 마이크와 수 다우게비치(Mike and Sue Dowgewicz)가 공동으로 저술한
《Demolishing Strongholds》(견고한 진들 파괴하기) 지침서에서 인용한 것이다.

· · ·

인생들아 어느 때까지 나의 영광을 바꾸어 욕되게 하며
헛된 일을 좋아하고 거짓을 구하려는가

시 4:2

외면에서 화해로

:

유년의 상처와
용기 있게 대면하라

4

2000년에 브루스 윌리스가 주연을 맡은 〈키드〉(Disney's the Kid)라는 영화가 개봉되었다. 마흔의 자기중심적인 독신 남성 러셀은 눈에 띄는 정치인들과 기업체 임원들과 TV 앵커들의 대외적인 이미지를 관리해주는 컨설팅 회사를 경영한다.

그는 건방지고, 퉁명스럽고, 지나치게 자신만만하고, "세상은 나를 중심으로 돌아가야 해"라는 자아도취적인 태도로 세상을 살아간다. 그러한 태도가 그의 인격이고, 그는 그것 뒤에 숨는다.

세상이 오직 자기를 중심으로 돌아가야 한다고 생각하는 그는 누군가가 자기의 길에 끼어들면 바로 물리친다. 또한 무슨 일이든지 탁월하게 처리하지 못하는 사람들을 참아주지 못하고, 원하는 건 무엇이든지 다 사버린다. 최고급 자동차와 집과 옷은 물론이고, 멋진 여자 친구들까지 그가 원하는 모든 것을 가졌다.

그는 이런저런 고객들을 응대하면서 이미지 문제를 해결해준다. 대외적인 이미지야말로 그 자신도 관리하려고 엄청나게 노력하는 부분이다. 한마디로 그의 일은 겉으로 보여지는 고객들의 '가짜 자아' 이미지에 광택을 내주고, 대중들이 그들에게서 보기를 원하고, 유지하기를 바라는 그런 이미지를 그들에게 만들어준다.

그러나 러셀은 육신의 아버지에 대한 비통한 감정으로 가득하다. 그래서 자신의 아버지와 관계 맺기를 거부한다. 그 비통함의 뿌리를 찾으려면 그의 어린 시절로 거슬러 올라가야 한다.

어느 날, 여덟 살짜리 통통한 꼬마가 자신의 아파트에 불현듯 나타난다. 러셀은 러스티라는 이름의 꼬마가 평범한 아이가 아니란 걸 깨닫는다. 바로 여덟 살의 나이로 자신 앞에 나타난 자기 자신이었다. 영화 줄거리가 펼쳐지면서 러셀은 러스티를 통해 자신의 어린 시절을 다시 발견한다.

반면 성인이 된 자신의 모습을 유심히 관찰하기 시작한 러스티는 자기가 꿈꾸는 것들이 하나도 이루어지지 않았다는 걸 알게 되고, 마침내 성장한 자신이 실패자라는 결론을 내린다. 러셀은 결혼하지도 않았고, 강아지도 키우고 있지 않았고, 비행기 조종사도 아니었다. 러스티가 꿈꾸는 것들, 성공이라고 생각하는 것 중 어느 하나도 이루어진 게 없었다.

러스티는 무엇이 잘못되었는지 생각해보라고 러셀에게 말한다. 그렇게 두 사람은 여행을 떠나게 되고, 러셀을 현재의 러셀로 만든 몇 가지 주된 사건이 벌어졌던 곳을 다시 찾는다.

두 사람은 러셀이 여자 친구를 사귀었던 때로 돌아간다. 그녀는 러셀의 이기적이고 자기중심적인 태도를 꽤나 잘 참아준다. 그녀는 그에게서 무엇인가를 보았기 때문이다. 그러나 그녀는 러셀의 부정적이고 독단적인 성격 때문에 그를 떠나겠다고 마음먹는다. 그러던 차에 인간미 넘치는 어린 러스티를 만나 사랑에 빠진다. 그리고 성장기의 러스티에게 어떤 일이 일어났기에 지금의 러셀이 된 것인지 의아해한다.

러셀과 러스티는 어린 시절에 대한 기억의 조각들을 함께 맞추기 시작하고, 러셀의 인격 장애의 원인을 알아내려고 그 기억을 되새긴다.

어느 날, 러스티가 어른이 된 자신을 보며 말한다.

"아저씨가 지금 무슨 일을 하면서 사는지 알겠어요. 아저씨는 사람들이 진짜 자기가 아니라 다른 누군가인 척 하며, 진짜 모습을 감출 수 있도록 도와주고 있어요."

러셀이 대답한다.

"알아, 꼬마야. 네 말이 옳을지도 몰라!"

이런 대화와 더불어 그의 인생의 진실이 펼쳐지기 시작한다.

영화는 어린 러스티가 집 앞에서 아버지에게 호되게 야단맞은 사건을 러셀에게 회상시켜주는 대목에서 절정에 이른다. 어느 날, 러스티는 방과 후에 운동 경기에 가야 했다. 그런데 그를 학교로 데리러 올 사람이 없어서 말기 암 환자인 엄마가 태우러 와야 했다.

경기를 마치고 집으로 돌아왔을 때 아버지가 극도로 흥분하며 현관문에서 지키고 서 있다가 러스티에게 소리쳤다.

"네 엄마를 죽일 작정이야? 아픈 엄마에게 학교로 태우러 오라고 하다니 생각이 있어, 없어?"

아버지는 그의 양 어깨를 잡고 거칠게 흔들면서 고함을 질렀다. 어린 러스티는 망연자실했다. 그의 인생을 결정하는 순간이었다. 그 사건은 러스티가 성인으로서 살아갈 평생의 삶에 지대한 영향을 주었다.

'나는 결함이 있는 인간이야. 내가 엄마를 죽였어. 정말 수치스러운 일이야.'

그때부터 러스티는 그 수치심을 은폐하려고 애쓰면서 다른 사람들에게 인정을 받고 존경받는 인물이 되려는 목적으로 일평생을 살아가게 되었다. 그가 아버지에 대해 품었던 비통함은 성인으로 살아가는 내내 그대로 남았다.

그리고 점점 나이를 먹으면서 그의 가짜 자아는 조개껍데기처럼 딱딱하게 굳었고, 그는 그의 마음을 또다시 아프게 할지도 모를 사람들로부터 스스로를 보호하려고 그 껍데기 뒤에 숨었다. 그가 어렸을 때 부모가 그를 보호해주지 못했기 때문이었다. 그가 한 회사의 경영자로서 드러낸 자기중심적인 성격은 그를 외적으로 보호해주는 두꺼운 껍데기 인격이었다.

러셀이 자기의 상태에 대한 진실을 깨달으면서 그의 태도와 행동이 바뀌게 되고, 마침내 영화가 끝날 즈음에는 새사람이 된다. 그는 아버지가 자신의 아픔 때문에 어린 그에게 화를 내면서 반응했다는 걸 깨닫는다. 오랜 세월 비통한 마음을 안고 산 뒤에야 그는 아버지를 용서한다. 그리고 그의 자상하고 세심한 진짜 성격을 드러내기 시작한다.

　마음을 치료받은 그는 하나님께서 그를 창조하셨을 때 의도하신 본래의 모습이 되어간다. 영화의 마지막 장면은 그의 미래의 모습을 보여준다. 그는 조종사가 되려고 이미지 컨설팅 회사를 접고, 심지어 강아지도 기른다. 그리고 여자 친구와 결혼도 한다.

참된 자아를 감추는 껍데기

　그 영화를 보는 내내 러셀이라는 인물이 나와 정말 똑같다는 생각이 들었다. 나는 1980년대 초반에 광고대행사를 시작했을 때 러셀처럼 성공해야겠다는 욕구에 사로잡혔다. 물론 당시에 나는 그리스도인이었지만 성취를 통해 하나님과 사람들에게 인정받으려는 욕구와 하나님의 인도를 받으면서 그분의 지침에 민감하게 반응하려는 의욕 사이에서 나도 모르게 갈등하곤 했고, 이기심과 고집스러움, 독단적인 의지와 자아도취 같은 성격이 종종 드러났다.

나는 이런 내면을 떨쳐내려고 몸부림쳤다. 사도 바울이 "만일 내가 원하지 아니하는 그것을 하면 이를 행하는 자는 내가 아니요 내 속에 거하는 죄니라"(롬 7:20)라고 말한 것처럼 내면의 죄와 맞붙어 씨름했다.

어쩌면 나는 러셀과 똑같은 수준의 성격 장애를 갖고 있는 건 아닐지도 모른다. 그러나 내적으로는 분명히 몸부림을 쳤고, 훌륭한 그리스도인이 마땅히 그래야 한다는 이유로 그런 모든 성격의 장애적 요소들을 계속 억제해왔다. 그러나 가장 큰 문제는 그것이 내 잠재의식에서는 계속 작용했다는 것이다.

유능함이 상처 받은 마음을 처리하는 방식이 된다.

어렸을 적에 부모에게 상처 받은 나는 아픔을 갖고 살아왔다. 물론 당시에는 내게 아픔이 있다는 걸 알지 못했다. 나는 인식되지 않는 그 미지의 아픔 때문에 성취와 성공을 통해 하나님과 사람들의 인정을 받으려는 잠재의식적인 욕구를 갖게 되었고, 유능함과 성취에 지배된 가짜 자아로 살아가면서 그 아픔을 이겨내려고 애썼다.

예수님을 영접한 나는 하나님과 친밀함을 갖기도 했다. 그러나 내면의 잠재의식적인 욕구가 하나님과의 관계와 섞여 있다는 게 문제였다. 나는 하나님과의 관계를 통해 내 가짜 자아를 누그러뜨리도록 도움을 받았지만 내 삶의 외핵, 즉 어릴 때 받았던 상처를 또다시 받을까 봐 두려워서 내 삶에 씌운 보호의 껍데기를 있는 그대로 볼 수 없었다.

내 가짜 자아, 즉 보호의 껍데기는 내면에서 참된 자아를 은폐하려는 욕구와 하나님을 영화롭게 하려는 의욕이 서로 충돌하고 있다는 걸 나타냈다. 가짜 자아는 언제나 과거의 상처에 대한 수치심과 우리 마음에 심은 사탄의 거짓말에 뿌리를 내린다.

내가 어렸을 때에는 말하는 것이 어린아이와 같고
깨닫는 것이 어린아이와 같고
생각하는 것이 어린아이와 같다가
장성한 사람이 되어서는 어린아이의 일을 버렸노라
우리가 지금은 거울로 보는 것같이 희미하나

그때에는 얼굴과 얼굴을 대하여 볼 것이요

지금은 내가 부분적으로 아나

그때에는 주께서 나를 아신 것같이 내가 온전히 알리라

고전 13:11,12

정서적인 성숙함

영화에서 러셀은 물질적으로 성공했지만 세상이 자기를 중심으로 돌아가야 한다고 생각하는, 마음이 여린 어린아이처럼 행동했다. 발육 정지(arrested development) 상태였다. 이는 성인이 된 사람들이 어떻게 유년기의 정서적 상태로 되돌아가는지를 기술하는 심리학 용어다.

그들은 본질적으로 그 시절의 나이에 사로잡혀 있기에 정서적으로 그 나이를 넘어서서 어른답게 성숙하지 못한다. 물론 어떤 순간에는 성인처럼 행동할 수도 있지만, 다음 순간에는 어린애 같은 행동으로 되돌아간다.

왜냐하면 상처를 당했던 어린 시절의 나이에 고착되어 있기 때문이다. 위에서 언급했던 《Broken Children, Grown Up Pain》(깨진 자녀들, 성장한 아픔)의 저자인 헥스트롬 박사는 설명한다.

"유년기의 상처로 인해 생기는 발육 정지는 우리의 죄의 본성을 증폭시키거나 확대시킨다. 상처가 깊을수록 우리는 더 이기적으로, 더 어린아이처럼 행동한다. 유년기의 상처로 인한 정신적인 충격이 크면 우리의 창조주 하나님과 주변의 가까운 사람들과 건강한 참된 관계를 발전시키는 능력 면에서 방해를 받는다. 또한 다른 사람들에게 선뜻 다가가거나 그들을 쉽게 받아들이지 못한다.

우리의 상처가 우리를 타인의 말을 잘 듣지 않고, 신뢰하지 못하고, 진실을 두려워하는 인물로 만들었기 때문이다. 우리는 은혜와 자비를 받아들이지 못하고, 우리에게 거저 주어진 것을 받아들이는 것을 놓고도 힘겹게 씨름한다."[13]

내 경우에는 어린 시절에 받았던 상처에 대한 수치심과 성취를 통해 인정받으려는 욕구와 열네 살 때 겪은 갑작스런 아버지의 죽음이 발육 정지에 한몫을 했다. 정서적으로 성숙하려면 러셀이 그러했던 것처럼 상처를 준 당시의 사건을 직면해보는 게 필요하다. 그런 상처들을 치료받는 데는 정서적인 성숙함 안으로 들어가야 한다.

2009년 6월, 팝스타 마이클 잭슨이 의사에게 처방받은 약을 과다 복용하여 돌연사했다. 그의 경우는 우리가 앞으로 목격하게 될 발육 정지의 사례 중에서도 가장 극단적이다. 그가 어렸을 때 아버지에게 신체적 학대를 당했다는 건 널리 알려진 사실이다. 그의 아버지는 종종 어린 자녀들을 거꾸로 들거나, 발을 걸어 넘어뜨리고, 벽에 밀쳤을 뿐만 아니라 고함을 지르면서 겁을 주곤 했다.

마이클 잭슨 역시 어린 시절에 외로움으로 많이 울었고, 아버지만 보면 때로 메스꺼워지거나 토하기도 했다고 한다. 그는 아버지가 손에 허리띠를 들고 의자에 앉아 자신과 형제자매들이 공연 연습을 하는 걸 지켜보면서 "제대로 못하면 다 찢어죽일 거야"라고 화내던 모습을 회상했다. 이런 것들이 그의 삶에 발육 정지를 일으킨 유년기 초기의 상처였다.

세상은 어른이 된 그 남자가 정서적으로 어린아이처럼 살아가는 걸 목격했다. 놀이 기구를 완비한 네버랜드라고 불리는 놀이공원을 짓고, 그곳에서 아이들과 시간을 보내길 좋아했다. 그러나 어른으로서 아이들과 지낸 게 아니라 실제로 그들과 똑같은 어린이로서 어울렸다. 그를 잘 아는 사람들은 그가 정말 어린아이 같았다고 말했다. 아마도 그는 정서적으로 아홉 살 무렵의 발육 상태에 정지되었을 것이다.

진리를 알지니

진리가 너희를 자유롭게 하리라

요 8:32

헥스트롬 박사는 "대부분의 경우에는 우리의 행동에 근본 원인이 있다는 걸 아는 것만으로도 성장 과정이 다시 시작될 것이다. 그것을 부인하면 성장 과정이 저해된다. 핑곗거리가 아니라 이유가 있다는 사실을 이해해야 한다"라고 말한다. 과거에 대한 진실을 배우면 우리가 어떤 사람이 되게끔 하나님께서 창조하셨는지를 깨닫고, 그 진리 안에서 걷기 시작할 수 있다. 당신의 과거에 관한 진실을 아는 게 자유와 치유를 향한 첫 걸음이 된다.

당신의 유년기를 직면해보라고 격려하고 싶다. 그때 당신에게 정신적인 충격을 안겨준 사건이 있었는가? 현재 성인으로서 특정한 죄를 떨쳐내려고 몸부림치고 있는가? 어쩌면 과거의 충격적인 사건이 당신의 삶에 발육 정지를 일으켰을지도 모른다.

구체적으로 언제 당신의 삶에 발육 정지가 일어났는지 계시해달라고 하나님께 구하라. 그리고 그런 아픈 곳을 치유해달라고 구하라. 하나님께서 당신을 위해 갖고 계신 치유와 자유 안에서 걷기 시작하라!

• • •

어떤 길은 사람이 보기에 바르나 필경은 사망의 길이니라

잠 16:25

가식에서
진실함으로

⋮

상처를 감추고 있는
가식적인 나를 과감히 거부하라

5

1993년에 개봉된 〈사랑의 블랙홀〉(Groundhog Day)은 빌 머레이와 앤디 맥도웰이 주연을 맡은 고전적인 코미디 영화다. 영화에서 빌 머레이는 피츠버그의 한 TV 방송국의 야심 찬 기상캐스터인 필 코너 역할을 맡았다.

그는 자기중심적이고, 자부심으로 가득하고, 자아도취적이고, 이기적이고, 거칠고, 자기 주장이 강하고, 무례하다. 또 기상캐스터라는 직업을 '장래성 없는 일자리'라고 생각하여 벗어나려고 애쓴다.

그는 더 좋은 일자리를 구할 날만을 기대하며 동료들에게 툭하면 짜증을 내면서 냉소적으로 일한다. 그는 동료 중에 가장 매력적인 PD인 리타조차 경멸한다.

북미 지역에는 겨울 끝자락에 마멋(groundhog, 다람쥐처럼 생긴 북미산 포유류)이 굴 밖으로 나오는지 아닌지에 따라 봄이 일찍 올지, 추운 날씨가 계속될지가 결정된다는 전설이 있다. 세월이 흐르면서 마멋의 행동을 관찰하는 게 사람들 사이에서 하나의 문화가 되었고, 마멋을 흔히 볼 수 있는 펜실베이니아 주의 펑크서토니 마을이 유명해졌다.

기상캐스터인 필의 임무는 그 작은 시골 마을에서 해마다 열리는 성촉절(Groundhog Day, 마멋의 행동을 보고 봄이 빨리 올지를 예측하는 날) 기념 행사를 취재하는 거였다.

그러나 필은 지역 주민들로 붐비는 기념 행사를 취재하면서 계속 투덜거린다. 자기는 중요한 인물이기에 그런 사람들을 상대로 시시한 행사를 취재해야 하는 게 말이 안 된다고 생각한다.

영화는 그날 거기에서 만나는 모든 사람들을 혐오스러운 태도로 대하는 필의 모습을 보여준다. 그는 생방송을 준비하는 PD와 카메라맨에게 신경질적으로 말하면서 방송 시작 직전까지 빈정거리는 말을 퍼붓는다. 그러나 막상 카메라에 불이 들어오자 최고의 프로페셔널 기상 해설자이자 가식의 결정판이 되어 시청자들이 듣고 싶어 하는 말들만 골라서 전해준다. 카메라에 불이 들어왔을 때와 실제 그의 인격이 매우 대조적으로 보인다.

필은 가짜 자아 혹은 겉치레로 꾸민 사람으로 인생을 살아간다. 그것은 그가 유년기 초기에 겪었던 일로부터 자신을 보호할 의도로 그때부터 발달된 인격이다. 다른 사람들이 받아줄 거라고 느끼는 가짜 인격으로 그들에게 자신의 모습을 보여준다. 겉치레로 꾸민 그의 가짜 자아는 인생 초기의 그의 마음과 진짜 자아를 차단해버린 상처에 다시 연결되지 않으려고 그가 스스로 쓴 가면이다.

그런데 공교롭게도 그날 폭설이 내려서 필은 하는 수 없이 그 마을에서 밤을 보낸다. 그러나 다음날 아침 여섯 시에 잠을 깬 그는 어제와 똑같은 날을 다시 살고 있다는 사실을 발견한다. 그는 믿기지 않았지만 마음을 가라앉히고, 전날에 만났던 사람들과 똑같은 대화를 나누고 똑같은 사건들을 겪으면서 똑같은 하루를 살아간다.

그는 하루하루 새로운 날을 맞이할 때마다 자신의 마음 상태를 발견한다. 그런 과정이 스토리가 진행되는 내내 계속 반복된다. 그리고 그는 짜증나는 매일 똑같이 일어나는 사건에 반응하는 자신의 방식을 바꾸어 다른 사람들을 섬세하게 배려하기 시작한다. 그때 그들도 깊은 관심으로 자신을 대한다는 걸 점점 깨닫는다.

다른 사람들을 진심으로 대하기 시작한 그는 거친 행동이 그가 원하는 바람직한 결과를 가져다주지 않는다는 걸 알게 된다. 그는 변화된 자신의 모습이 이전보다 훨씬 더 마음에 든다고 느낀다.

그는 새로운 인격에 좋은 점이 있고, 심지어 성취감을 주는 어떤 게 있다는 걸 깨닫는다. 그가 매일 똑같은 하루를 살면서 그동안에 만나는 각 사람들에게 다르게 반응하기 시작하고, 마침내 마을 사람들은 그를 다정다감하고 자상한 인물로 받아들인다.

마침내 그는 마을 사람들이 가장 좋아하는 인물이 된다. 그는 동료인 그 여자 PD가 매우 매력적이라는 걸 알게 되지만, 그녀는 그가 첫날에 보였던 자기중심적인 인격을 혐오한다. 그러나 그가 그녀와 다른 사람들에게 보이는 새로운, 자상한 본성에 점점 끌리게 된다.

이렇게 변화가 끝난 어느 날 아침, 잠에서 깬 그는 PD 친구가 자신의 침대 위에 나란히 누워 있는 걸 발견한다. 그리고 '악몽'이 끝났다는 것과 자기가 그 PD와 마을 사람들 모두의 마음을 얻었다는 걸 깨닫는다.

진짜 마음을 가린 벽

가짜 자아는 우리 마음의 상처에서 태어난다. 그것은 우리의 진짜 마음인 본심을 볼 수 있는 다른 사람들에게서 우리를 보호한다. 가짜 자아는 우리의 잠재의식 차원에서 작용한다. 과거에 받았던 상처를 또다시 받을까 봐 두려운 마음에 우리는 우리가 잘할 수 있는 재능과 능력을 찾으려고 한다. 그런데 그것만으로는 우리의 진짜 마음을 가린 벽을 뚫지는 못한다. 우리가 성취, 독단적인 태도, 피상적인 인간관계를 토대로 움직일 때 사실상 우리의 마음은 닫히게 되고, 주변 사람들은 우리를 인간관계 면에서 쌀쌀맞고 냉담한 인간으로 간주한다.

내가 벗었으므로 두려워하여 숨었나이다

창 3:10

우리는 상처 받을 때마다 우리의 참된 자아로부터 숨으려고 애쓴다. 상처 받았다는 사실에 대한 수치심이 그런 모습으로는 다른 사람들에게 받아들여지지 못할 거라고 스스로에게 말하기 때문이다. 상처 받을 때 우리 마음은 진짜 자아로부터 우리를 보호해주는 "무화과나무 잎"(창 3:7, 가짜 자아) 뒤에 숨으려는 욕구로 넘쳐난다.

이 모든 것들은 어린 시절에 받은 상처로부터 자신을 보호하려는 하나의 방어기제로서 잠재의식 속에서 일어난다. 앞에서 나는 당신 삶의 이야기가 당신의 마음에 대한 사탄의 길고도 파괴적인 공격에 관한 이야기이며, 사탄은 당신이 어떤 사람이 될 수 있는지를 잘 알기에 두려워한다고 말했다. 사탄은 당신이 당신의 진짜 마음을 과거의 상처 뒤에 계속 숨겨놓기를 원한다.

경쟁 사회는 성공하려면 어떤 희생을 치르고라도 무화과나무 잎 뒤에 숨어 살아가라고 우리를 부추긴다. 내가 아는 다른 어떤 성경 구절보다 이 문제를 더 훌륭하게 표현한 구절이 'Amplified Bible'(1965년 미국의 기독교 출판사 Zondervan에서 펴낸 영어 성경. 읽히는 목적보다 연구 목적으로 문자적으로 번역하고 특히 원어에 함축된 모든 의미를 나타내려고 성경 본문에 괄호를 사용한 번역본으로 잘 알려져 있다) 이사야서 50장에 기술되어 있다.

너희 중에 주님을 (경건하게) 두려워하며

그분의 종의 음성에 순종하는 자가 누구냐?

그러나 어둠과 깊은 고통 안에서 걷고

(그 마음에) 빛나는 광채가 없는 자가 누구냐?

그런 자로 하여금 주님의 이름을

의지하고 신뢰하고 굳게 믿도록 할 것이며,

그의 하나님께 기대게 할 것이며,

그의 하나님의 도움을 받게 하라.

너희 자신의 불을 피우려고 애쓰는

(너희 자신의 구원의 계획을 생각해내려고 애쓰는)

너희 (너희 자아의 원수들) 모두,

너희가 활활 타오르게 한 순간의 불꽃과

화염의 솟구침과 횃불로

너희 자신을 포위하고 둘러치는 너희

(너희 자아의 원수들) 모두 보라.

너희 스스로 붙인 불의 빛과 너희가 지핀

(원하기만 하면 너희를 위해서 지피는)

불꽃을 의지하여 걸어라!

그러나 내 손에서 이것을 얻으리니,

너희가 슬픔과 고통 안에 눕게 될 것이다

사 50:11,12

가짜 자아는 우리가 스스로 붙인 불이다. 그것은 우리 마음에 있는 광채를 보지 못하게 막고, 내적인 고통만 낳는 가짜 마음으로 변장하게 한다.

사울 왕의 가짜 자아

사울 왕은 가짜 자아, 겉치레로 꾸민 이미지 뒤에서 살았다. 그는 자신을 영적인 지도자로 생각했다. 그러나 그 가짜 자아, 겉치레로 꾸민 인격 밑에는 그를 지도자와 남자로 인정해줄 사람들의 칭송을 갈망하는 불안한 인간이 있었다.

미국의 목회자이며 영성 작가인 진 에드워드(Gene Edwards)는 진짜 마음에 접속하지 않는 사람들을 숨어서 기다리는 교묘한 올가미를 이해할 수 있도록 도와준다.

"많은 사람들이 하나님의 능력을 얻으려고 기도한다. 그들은 해마다 더 큰 능력을 구한다. 그런 기도는 강력하고, 진실하고, 경건하고, 속셈이 전혀 없는 것처럼 들린다. 그러나 그러한 기도와 열정의 이면에는 야심, 명예욕, 영적인 거물로 인정받고자 하는 욕망이 숨겨져 있다. 그런 기도를 드리는 당사자들이 그 사실을 잘 모를 수도 있지만 그들 마음에는 바로 그런 어두운 동기와 욕구가 있다.

사람들이 그러한 기도를 드릴지라도 그들의 내면은 텅 비어 있다. 그들의 삶에는 내적인 영적 성장이 거의 없다. 능력을 구하는 기도는 빠르고 짧은 길이다. 그러나 그것은 내적인 성장을 우회한다.

외적으로 성령의 능력을 옷 입는 것과 내적으로 성령의 생명으로 충만해지는 것 사이에는 엄청난 차이가 있다. 전자의 경우에는 외면적인 능력에도 불구하고 마음의 숨겨진 사람이 변화되지 않은 채로 남아 있을 수 있다. 그러나 후자의 경우에는 그 괴물이 처리된다."14)

바리새인들은 겉치레로 꾸민 인격의 절정이었다. 우리 역시도 진짜 마음으로 살아가는 대신에 진짜 자아를 사칭하는 사기꾼 역할을 할 때 겉치레로 꾸민 사람이 될 위험이 있다. 예수님은 피상적인 믿음이라고 간주하신 것과 진실한 마음으로 살아가지 않는 사람들을 꾸짖으셨다.

화 있을진저 너희 바리새인이여
너희가 박하와 운향과 모든 채소의 십일조는 드리되

공의와 하나님께 대한 사랑은 버리는도다

그러나 이것도 행하고 저것도 버리지 말아야 할지니라

화 있을진저 너희 바리새인이여

너희가 회당의 높은 자리와

시장에서 문안 받는 것을 기뻐하는도다

화 있을진저 너희여 너희는 평토장한 무덤 같아서

그 위를 밟는 사람이 알지 못하느니라

눅 11:42-44

우리 영혼의 원수는 어떻게든지 살아남으려면 가짜 자아 뒤에 숨어야 하며, 그곳이야말로 우리가 근거지로 삼고 움직일 수 있는 안전한 장소라고 설득하려고 애쓴다. 그러나 사탄이 안전하다고 말하는 그곳을 근거지로 삼고 움직일 때 하나님이 우리를 향한 계획에 못 미친 작은 삶에 만족하게 된다. 하나님께서는 우리가 마음 속에 있는 진짜 자아로 진실하게 살기를 바라시고, 그렇게 할 때 가장 깊은 곳에 있는 지혜를 우리에게 은밀히 가르치신다.

보소서 주께서는 중심이 진실함을 원하시오니

내게 지혜를 은밀히 가르치시리이다

시 51:6

사탄은 가짜 삶을 살라고 우리를 설득하고, 우리의 영광을 도둑질하려고 애쓴다. 이에 대해 하나님께서는 말씀하신다.

인생들아
어느 때까지 나의 영광을 바꾸어 욕되게 하며
헛된 일을 좋아하고 거짓을 구하려는가

시 4:2

내가 교사와 대중 강사, 사탄과의 전투 전략을 짜는 기독교 지도자로서 하나님께 받은 은사들을 사람들의 존경과 칭송을 얻으려는 목적으로 쓰고 있다는 걸 깨달은 적이 있다. 이것은 사탄의 교묘한 함정이다. 성취를 토대로 우리 자신을 정의하면 사탄의 이런 음모에 희생되기는 더 쉽다. 우리는 사람들을 섬기라는 부름을 받았다. 그러나 하나님께서는 우리가 그들로부터 인정받기를 바라지 않으신다. 우리는 오직 하나님 한 분께만 인정받아야 한다. 단 한 분의 관객 앞에서 공연을 해야 한다.

영국 작가인 조지 맥도널드(George MacDonald)는 "어떤 사람이 예배 자체가 아니라 자기의 영광을 위해서 예배(어떤 예배든지)를 드리자마자 그 사람은 그 순간에 하나님나라 밖에 있다"라고 기록했다. 유능함은 경쟁 사회를 살아가는 신자들의 우상이다.

그 우상은 우리의 진짜 자아와 하나님과의 친밀한 교제와 다른 사람들과의 진심의 사귐으로부터 우리를 지켜준다.

영국의 침례교 복음전도자인 오스왈드 챔버스(Oswald Chambers)는 "심오한 인물인 체하지 않도록 주의하라. 하나님께서는 아기가 되셨다"라고 말했다.

현재 당신 삶의 어떤 영역에서 당신의 진짜 자아로 살아가고 있지 않은지 곰곰이 생각해보라. 다른 사람들에게 인정받기를 바라는 마음으로 사는 것을 지금 중단하라! 당신의 진짜 마음대로만 살아라!

. . .

또 새 영을 너희 속에 두고 새 마음을 너희에게 주되
너희 육신에서 굳은 마음을 제거하고 부드러운 마음을 줄 것이며
또 내 영을 너희 속에 두어 너희로 내 율례를 행하게 하리니
너희가 내 규례를 지켜 행할지라
내가 너희 조상들에게 준 땅에서 너희가 거주하면서 내 백성이 되고
나는 너희 하나님이 되리라

겔 36:26-28

가짜 모습에서 **진짜 모습** 으로

⋮

내 진짜 자아에서
과거 상처를 발견하라

6

나와 대화를 나누던 한 친구가 말했다.

"미안한데, 지금 누구한테 말하는 거야?"

친구와 마음을 나누면서 대화하는 중에 내 표정과 언어가 세미나에서 가르치는 말투로 바뀌었던 것이다. 내게 그런 특징이 있는 줄 까맣게 몰랐다. 내 딸도 몇 차례 비슷한 말을 했다.

가짜 자아 혹은 겉치레로 꾸미는 태도는 우리 내면에 깊이 배어든 어떤 것이다. 주변 사람들이 그것을 알아보고 벗어나도록 도와주지 않으면 우리는 자연스럽게 그 안으로 흘러들어간다. 변화에 대해 진지하게 고민하는 사람이라면 지인들에게 조언을 청하라.

폴 헥스트롬 박사(Life Skils International, 가정폭력 상담소의 창립자이자 소장)는 가짜 자아를 '모조 인격'이라 칭하면서 다음과 같이 말한다.

"상처 받은 사람들은 가면을 결코 벗어던지지 못한다. 유년기에 상처 받은 경우에 다양한 사람들과 있을 때 다양한 인격을 보임으로써 자신을 보호하며 사람들의 기대에 부응하려고 모조 인격을 만들어낸다. 그들이 우리의 결함을 알게 되면 틀림없이 거부할 거라고 확신한다. 또한 직장 동료들에게 실제 모습을 감추면 상처 받을 일이 더 적어질 거라고 생각한다.

　모조 인격이라는 가면은 상처 받기 쉬운 우리를 보호해준다. 일 중독자 직원과 다른 사람들에게 냉담한 직원이 자신들의 상처를 감추는 게 가능한 까닭은 모조 인격으로 스스로를 보호하기 때문이다. 일중독자는 성취 지향적이기 때문에 한 인간으로서 자신의 가치를 일에서 얼마나 많은 것들을 성취할 수 있는지에 둔다. 또한 그들은 '살아 있다는 것과 가치가 있다는 것은 계속 일하면서 성취해야 한다는 걸 뜻해'라고 생각한다."

　또한 헥스트롬 박사는 우리가 새로운 일자리를 얻고서 6~7개월이라는 시간이 지나면 우리의 진짜 인격이 모조 인격을 누르고 우세하게 된다고 주장한다. 하지만 그 이전에는 좀처럼 그런 일이 일어나지 않으며, 모조 인격을 드러냄으로써 어린 시절의 상처로 갖게 된 부정적인 성격이 그때부터 떠오르기 시작한다는 연구 결과를 발표했다.[15]

　이 결과를 통해 나는 '성취'가 내 초기의 인격 발달에 매우 중요한 역할을 했을 뿐 아니라 관계와 사역에 있어서도 큰 영향을 미쳤다는 걸 알게 됐다. 물론 분주하게 활동하면서 하나님의 임재를 감지한 적이 있었다. 그러나 다른 경우에 나는 분명히 성취에 바탕을 두었고, 하나님 대신에 다른 사람들에게 내 일에 대한 인정을 받길 갈구했다.

우리는 일상에서 다양한 일을 하고 있으며, 사람들이 그것들을 다 알아주기를 바란다. 영성 작가인 존 엘드리지(John Eldredge)는 《마음의 회복》(Wild at Heart, 좋은씨앗 간)에서 그런 다양한 것들을 통해 우리가 스스로를 어떻게 지탱하고 있는지에 대해 다음과 같이 통찰한다.

세상은 남자에게 힘과 안전에 대한 그릇된 인식을 심어준다. 이제라도 정직해지자! 당신에게 힘이 있다는 의식이 어디에서 오는가? 당신 아내가 눈부시게 아름답다는 것에서, 아니면 비서가 빼어나게 아름답다는 것에서 힘을 느끼는가? 당신 교회에 신도가 많다는 것에서 힘을 느끼는가? 당신이 가진 전문적 식견, 결국 다른 사람들이 당신에게 제 발로 찾아와 인사하게 만드는 지식이 힘의 근원이라 생각하는가?

하얀 셔츠, 박사학위, 본부석, 독립된 사무실이 남자에게 힘을 가진 사람이라는 인식을 갖게 해줄 수는 있다. 그런데 내가 당신에게 그런 것들을 포기하라 한다면 당신은 어떤 기분이겠는가? 잠시 이 책을 덮고, 지금까지 세상이 당신에게 안겨주었던 모든 것을 내일 잃는다면 당신이 자신을 어떻게 생각할지 묵상해보라. 16)

있는 그대로의 자아

영국의 동화 작가 겸 시인인 조지 맥도널드는 "그리스도가 없으면 사람은 비참하게 실패하거나 훨씬 더 비참하게 성공할 수밖에 없다"라고 했다. 예수님은 우리에게 능력이 있다는 거짓 느낌을 주는 것에 대해 경고하신다.[17]

우리를 지탱해주며 자신이 더 좋게 느끼게 해주는 모든 것들이 다 가짜 자아 혹은 겉치레로 꾸민 것들이다. 운동으로 이룬 것들, 일에서 달성한 것들, 이성의 마음을 얻을 수 있는 기술, 위대한 기독교 지도자로 추앙받고 인정받는 것들, 대단한 카리스마나 매력을 지닌 것들이 우리를 진짜 자아로부터 보호할 의도로 만들어낸 것이다. 즉, 가짜 자아를 유지해주는 최상품의 마약인 셈이다. 이것들은 하나님께서 우리에게 주신 것들이다. 하지만 그분께서는 우리가 이 중에서 몇 가지의 특질을 파괴함으로써 애써 숨기려는 상처와 대면하게 하신다.

최근에 나는 사람들에게 인정받고 있는 내 삶의 모든 것들이 일정 기간 없어지는 걸 경험했다. 그중 몇 가지는 내가 스스로 없앴지만 다른 것들은 내 의사와는 상관없이 사라졌다. 내가 통제할 수 있는 모든 것들 혹은 사람들에게 인정받고 있던 것들이 다 제거된 셈이다.

사람들에게 인정받고 싶어 하던 내 행동의 상당 부분은 어린 시절의 상처로 진리를 보지 않으려고 했던 내 고집 때문에 생긴 거였다. 나는 확실하게 말해줄 수 있다. 당신이 통제할 수 있거나 다른 사람들에게 인정받고 있는 모든 것들이 삶에서 완전히 없어지면 당신의 세상 자체가 충격에 흔들릴 수 있다.

우리는 그리스도만을 모든 것으로 삼지 않으면 도저히 살아갈 수가 없다. 그리스도만을 모든 것으로 삼을 때 우리는 소속감을 느낀다. 그러나 그런 때조차도 우리의 존재에 대한 엄청난 상실감과 버려진 느낌을 마주하게 된다.

하나님께서는 우리가 치유를 받고 진짜 자아로 살기 위해서 과거의 상처를 인정하고 직면하는 걸 허락해주신다. 그러나 불행하게도 대부분의 사람들은 두려움과 교만 때문에 자신의 상처를 인정하거나 시인하기를 거부한다. 우리가 위협을 느낄 때 우리의 가짜 자아는 훨씬 더 강해진다. 그러나 때로 어떤 사람은 자신이 갖고 있는 문제의 뿌리를 조사하기로 마음먹기도 전에 가짜 자아가 붕괴되기도 한다.

우리 인생에 대한 인정(認定)은 배우자나 친밀한 인간관계나 직업상의 경력이나 우리가 좋은 인상을 주려고 애쓰는 다른 사람들을 통해 올 수 없다. 그것은 오직 하나님으로부터만 올 수 있다. 해결되지 않은 상처를 갖고 있을 때 우리는 선천적으로 타고난 재능에 매달린다.

그러나 하나님께서는 그분의 생명을 계시하려고 그것에 검을 찔러넣기를 원하신다. 따라서 가짜 자아라는 가면을 쓰고 있다는 걸 깨달으면 우리의 진짜 자아를 드러내기 위해서 그것을 자발적으로 벗어던지기 시작해야 한다.

가짜 자아는 우리가 하나님과도 다른 사람들과도 친밀하게 사귀지 못하도록 막는다. 하지만 아들과 딸들을 향한 하나님의 사랑은 우리 안에 있는 가짜 자아를 깨버려 우리가 참된 사귐을 할 수 있도록 해준다.

하나님과 주변의 가까운 사람들과 진정으로 친밀하게 사귀고자 한다면 가짜 자아를 반드시 죽여야 한다. 예수님은 누가복음 9장 24절에서 "누구든지 제 목숨을 구원하고자 하면 잃을 것이요"라고 말씀하셨다. 우리 모두는 사랑받기를 내면 깊은 곳에서 갈망한다. 그러나 상처 받기 쉬운 마음을 갖고서 있는 그대로의 모습으로 나아가는 대신에 유능하게 해낼 수 있는 일들을 통해 우리 마음의 주변에 벽을 둘러친다. 과거에 받은 상처 때문이다. 그 상처를 또 받을까 봐 두려워하기 때문이다.

내가 어렸을 때 받은 상처 가운데 하나는 열네 살 때 아버지가 비행기 사고로 갑자기 세상을 떠났는데 보험회사가 보험금을 지불하지 않아 우리 가족의 물질적인 생활 수준이 하락한 거였다. 당시 우리 가족은 매우 어려운 상황에 놓여 있었다. 우리 오남매가 돈이 필요하다고 말하면 어머니는 "그런 것에 돈을 쓸 만큼 여유가 없어"라고 말하시곤 했다.

내 인생을 관통하는 메시지를 전해 들은 순간이었다. 나는 어른이 되어서도 어렸을 때처럼 가난하게 살고 싶지 않아 그 메시지를 따라 열심히 살았다. 나는 성공과 독립 욕구의 지배를 받는 일중독자가 되었고, 그런 삶의 태도는 다른 사람들에게 인정받고 일을 성취해가면서 사랑을 찾는 태도로 이어졌다.

그러나 성취를 통해 받은 사랑은 내 가짜 자아를 키울 뿐이었다. 그리고 하나님께서는 내가 의지하던 것들을 내 결혼생활의 위기를 통해 공격하셨고, 내 가짜 자아를 철저하게 파괴하셨다.

마음을 치유하는 가장 좋은 방법은 우리를 향한 하나님 아버지의 사랑을 발견하는 것이다. 심리학자이며 영성 교수인 데이비드 베너(David Benner)는 《사랑에 항복하다》(Surrender to Love, IVP 간)에서 가짜 자아에서 나와 하나님 아버지의 사랑을 체험하는 데로 가는 자신의 여정을 기술한다.

자신을 있는 모습 그대로 받아들이고, 벌거벗고 연약한 자아 안에서 사랑을 받아들이는 것은 진정한 변화를 위한 필수 조건이다.

하지만 이것이 얼마나 어려운 것인지를 간과해서는 안될 것이다. 내 안의 모든 것들은 하나님과 다른 사람 앞에서 최고로 '가장된 자아'를 보여주기 원한다. 이것은 내가 만들어내는 거짓된 자아다. 이 자아는 연약함 안에서 사랑을 받아들이려고 하지 않기 때문에 절대로 변화될 수 없다. 이러한 가장된 자아가 사랑을 받게 되면 그 자아는 더욱 강해지고 나는 거짓된 삶의 방식에 더욱 묶이게 된다.

대중적 심리학이나 영성, 심지어는 대중적인 기독교 영성조차도 우리 가운데 깊이 뿌리내린 자기 개발에 대한 환상에 편승하여 이러한 거짓된 자아를 강화시킨다. 이들은 모두 사랑을 받기보다는 스스로의 노력으로 자신의 행동을 바로잡으려는 본능적인 성향에 편승한다.

예수님의 삶과 메시지는 이런 자기 개발 노력과는 정반대 입장에 있다. 예수님은 우리에게 자기 개발 방법을 권장하려고 오신 것이 아니다. 예수님은 우리가 무방비 상태에서 그분의 사랑을 받아들이기보다 하나님을 속이고 조작해서 하나님께 우리의 거짓되고 요새화된 자아를 강요하고 싶어한다는 것을 알고 계신다. 예수님이 단순히 우리의 자기 개발을 위해 오셨다면 우리가 진정한 사랑을 얼마나 필요로 하는지 모르고 지내게 될 것이다.

우리 자아는 진실한 사랑을 원하면서도 그 사랑을 얻기 위해 할 수 있는 것이 아무것도 없음을 스스로 알고 있다. 그토록 벌거벗고 빈곤한 자아를 대면한다는 것은 얼마나 두려운 일인가? 문제의 핵심은 하나님의 사랑을 무조건적으로 받아들이지 않기 때문에 하나님의 사랑을 느낄 수 없다는 것이다. 내가 사랑받고 있다는 것을 알기 원한다면 무능력과 연약함이 나의 진정한 상태임을 받아들여야 한다. 그리고 이것은 언제나 두려운 일이다.[18]

우리의 재능과 역량은 하나님께서 주신 것이다. 그러나 그것들 뒤에 숨을 때 우리는 거짓 자아의 희생물이 된다. 하나님께서는 우리와 친밀한 관계를 맺으심으로써 그분의 영광을 드러내기를 바라신다.

과거 상처 극복하기

상처는 사탄이 우리를 파괴하려고 설계한 것이다. 사탄은 우리가 부모 세대에게 물려받은 걸 공격하는 대신에 우리를 공격한다. 모세의 경우에 사탄은 그가 태어날 때부터 죽이려고 했고 더듬거리며 말하게 하는 영을 통해 그가 입을 열지 못하게 했다(출 4:10). 야곱의 경우에 사탄은 그를 속여, 인생에서 필요한 걸 얻으려면 다른 사람들을 기만하고 조종해야 한다고 생각하게 하려고 애썼다. 사탄은 야곱의 형 에서에게도 그렇게 했다.

하나님께서는 모세에게 자신을 대신하여 애굽의 바로에게 말하라고 도전하셨을 때 모세를 그의 상처가 있는 곳으로 데려가셨다. 하나님께서는 그의 과거 상처를 직면하게 하셨다.

야곱의 경우에는 상처의 장소가 인간관계에 있었다. 그는 자신을 보호하려고 다른 사람들을 통제하고 조종하며 가짜 자아를 표출했다. 하나님께서는 외삼촌 라반을 통해 야곱을 자신의 상처가 있는 곳으로 데려가셨다. 그는 다른 사람들을 통제하고 조종하는 외삼촌을 통해 자기를 볼 수 있었다.

그리고 야곱이 천사와 씨름할 때 하나님께서는 그의 내면을 치유하셨다. 하나님께서 그의 이름을 야곱에서 '하나님과 씨름하여 이긴 자'라는 뜻의 '이스라엘'로 바꿔주셨고, 그것은 대단히 중요한 사건이었다.

야곱은 홀로 남았더니

어떤 사람이 날이 새도록 야곱과 씨름하다가

자기가 야곱을 이기지 못함을 보고

그가 야곱의 허벅지 관절을 치매

야곱의 허벅지 관절이 그 사람과 씨름할 때에 어긋났더라

그가 이르되 날이 새려하니 나로 가게 하라

야곱이 이르되 당신이 내게 축복하지 아니하면

가게 하지 아니하겠나이다

그 사람이 그에게 이르되 네 이름이 무엇이냐

그가 이르되 야곱이니이다

그가 이르되 네 이름을 다시는 야곱이라 부를 것이 아니요

이스라엘이라 부를 것이니

이는 네가 하나님과 및 사람들과 겨루어 이겼음이니라

야곱이 청하여 이르되 당신의 이름을 알려주소서

그 사람이 이르되 어찌하여 내 이름을 묻느냐 하고

거기서 야곱에게 축복한지라

창 32:24-29

내 경우에 사탄은 부모님에게 받은 상처로 내 감정을 억압했고, 말하기와 글쓰기를 하지 못하도록 했다. 물론 부모님이 의도적으로 내게 상처를 준 건 아니었다. 단지 그들의 부모에게 배운 것들을 내게 물려주었을 뿐이었다. 하나님께서는 나로 하여금 이혼에 이른 내 결혼생활의 위기를 통해 상처를 마주보게 하셨다. 나를 내 상처가 있는 곳으로 데려가신 거였다.

그제야 나는 진실을 이해할 수 있었다. 그러자 치유가 일어나

고 가짜 자아에서 해방될 수 있었다. 그 과정은 지금도 여전히 진행 중이다. 대부분의 사람들은 아픔을 직면하고 싶어 하지 않는다. 일상에서 행하는 것들, 곧 우리 모두의 내면에 있는 깊은 상처를 가리는 것은 우리의 마음을 둔감하게 한다.

진짜 자아를 발견하려면 우리가 어떻게 가짜 자아 혹은 겉치레로 꾸민 인격으로 아픔을 은폐하고 있는지 알아야 한다. 가짜 자아는 하나님과도, 다른 사람들과도 친밀해지는 걸 차단한다.

과거의 아픔을 인정하고 치유하는 게 하나님께서 의도하신 인생의 목적을 이루어드리는 첫 걸음이다. 내 경우에는 책을 쓰고, 강연을 하고, 하나님과 사람들과의 친밀한 관계를 유지하면서 사는 것에 인생의 목적이 있다. 전에는 선천적으로 타고난 장점을 통해 이런 것들을 성취하려고 애썼다.

우리의 궁극적인 목표는 하나님과 다른 사람들과의 친밀함이다. 성경에 등장하는 인물들의 삶의 모든 이야기들이 하나님과의 친밀한 교제를 향한 여정이다. 그들 가운데 많은 이들이 과거의 상처를 치료받고 하나님의 목적을 이루어드리는 데까지 성숙하기 위해서 여러 문제를 일으킨 생활 방식을 극복해야 했다. 아브라함과 야곱과 다윗의 삶에 관해 곰곰이 생각해보라.

다윗에게 얻는 교훈

우리는 다윗의 생애에서 우리의 모습과는 다른 모습을 본다. 그의 삶은 하나님과의 관계에 대한 결실이었다. 심지어 그는 십 대의 목동으로서 하나님과 단둘이 있을 때와 예배할 때와 일할 때를 체험했다.

그는 목동으로서 들판에서 기술을 연마했고, 사자와 곰과도 싸웠다. 그는 하나님과 단둘이 있는 시간과 예배를 통해 그분과의 관계를 닦아나갔다. 그 누구도 그가 그런 것들을 하는 모습을 보지 못했다. 그는 마음속의 깊은 의욕으로 그 모든 것을 행했다.

그는 한 분의 관객 앞에서 그리고 아마도 양들 몇 마리 앞에서 공연을 했다. 이렇게 다윗은 믿음과 예배와 일과 고독을 하나로 통합하여 일평생을 살아갔다. 물론 실수도 많이 저질렀지만 하나님께서는 한 가지 이유로 그에게서 등을 돌리지 않으셨다. 그가 하나님을 향하여 부드러운 마음을 유지했기 때문이다.

그는 온 마음을 다하여 하나님을 사랑했고, 가짜 자아가 아니라 진짜 자아로 움직였다. 우리의 진짜 자아를 발견하면 하나님과의 진정한 친교와 믿음의 성숙을 추구하기에 충분할 만큼의 안전한 느낌을 받을 수 있다.

• • •

예수께서 이르시되 무엇을 원하느냐 이르되
나의 이 두 아들을 주의 나라에서 하나는 주의 우편에,
하나는 주의 좌편에 앉게 명하소서

마 20:21

단절에서
새로움으로

...

단절된 관계를
회복하라

7

제이슨 브래드쇼는 중산층 가정에서 성장했다. 그는 삼남 매의 맏이고 외아들이었다. 부모님은 금슬이 좋았다. 그러 나 그가 열두 살 때 비극이 가족을 엄습했다. 아버지가 교통사고로 세상을 갑작스럽게 떠났다. 가족들은 망연자실 했고, 어머니는 몇 해 동안 슬픔에서 헤어 나오지 못했다.

제이슨이 나이가 들면서 어머니는 아들에게 모든 걸 의지하고 자신의 인생을 다 쏟아부었다. 어머니에게 제이슨은 눈에 넣어도 안 아픈 소중한 아들이었고, 그녀는 성장해가는 아들의 모습에서 종종 남편의 모습을 보았다.

'어쩌면 제 아빠를 저렇게 빼닮았을까!'

그녀는 혼자 생각하곤 했다. 제이슨은 어머니가 자신을 진심으로 사랑한다는 건 알았지만 때로 그녀의 행동이 질식할 것처럼 답답하게 느껴졌다. 또래 사내아이들은 이런저런 활동을 하면서 놀았지만 그녀는 아들이 다치거나 잘못되어 영영 잃게 될까 봐 두려워 어떤 활동도 하지 못하게 막았다. 어머니에게 통제와 조종을 당하고 있다고 점차 느끼면서 마침내 제이슨은 어머니와 애증 관계로 발전했다. 자신이 집안의 장남으로서 가장이 되었다는 걸 알고 어머니를 모시기를 원했지만 다른 한편으로는 어머니의 통제에 크게 반발했다.

제이슨은 성장해가면서 여학생들과 데이트를 시작했고, 자기가 스트레스와 내면적으로 억압된 욕구를 해소하기 위해 자위행위를 한다는 걸 알게 되었다. 또한 자신도 모르게 인터넷으로 포르노 사진들을 찾아본다는 것도 알았다. 그러나 자기가 왜 그런 행동을 하는지 근본적인 원인을 알지 못했다. 그저 또래의 남자아이들에게 흔히 있는 일이라고 생각했다.

그는 대학에 들어가면서 어머니와 일정 거리를 유지했다. 어머니를 존중하며 모시기를 원했지만, 한편으로는 독립하기를 간절히 원했다. 그는 대학을 졸업한 뒤에 바로 결혼했다. 아내와 새로 시작한 삶은 더없이 즐겁고 행복했다. 그러나 신혼이 끝나고 몇 해가 지나면서 아내와 갈등이 생겼다. 성장기에 어머니에게 느꼈던 것과 같은 느낌을 아내에게 받았기 때문이다. 그는 통제받고 있다는 느낌이 들 때마다 속이 메스꺼웠다. 그런 느낌이 내면에서 풍선처럼 부풀어 오를 때면 아내에게 반발했다.

"나를 통제하려고 하지 마!"

그러면 단지 정서적으로 남편과 교류하려던 아내는 남편의 그런 반응에 깜짝 놀라곤 했다. 그녀는 남편의 삶의 일부가 되기를 원했지만 그는 아내가 자기를 통제하려고 한다는 느낌이 들 때마다 매몰차게 뿌리쳤다.

제이슨의 아내는 남편과 함께 시댁을 방문할 때 그가 평소에 자신을 대하던 모습과 다르게 시어머니를 대한다는 걸 알게 되었다. 그녀는 남편과 시어머니와 셋이 있을 때 소외감을 느꼈다. 남편이 자신과 결혼한 게 아니라 시어머니와 결혼한 것 같은 느낌이 들었다.

결국 이런 일들 때문에 부부간에 말다툼이 일어났고, 이때마다 제이슨은 아내를 대단히 퉁명스럽게 대했다. 그는 어머니를 대하는 자신의 태도를 늘 변호했고, 아내에게 상처를 주면서까지 그런 행동을 지속했다.

이런 패턴이 결혼생활의 몇 년 동안 계속됐다. 마침내 아내는 전문가의 도움이 필요하다고 결론을 내렸지만, 그는 그런 생각에 부정적이었다. 자신들의 유일한 문제는 자신을 통제하려는 아내이기 때문에 아내가 그 행동을 즉각 중단하면 문제가 해결될 거라고 생각했다. 그러나 결국에는 상담을 받으러 가기로 마지못해 동의했다.

전문가의 상담을 받은 제이슨은 놀라운 걸 깨달았다. 자신이 아내의 행동을 통제와 조종으로 인지하고 반발했던 게 자신의 어린 시절에 일어난 일과 관련이 있다는 것이다. 특히 어머니와 관계된 일이라는 거였다. 전문가는 그가 아내에게서 느끼는 감정이 성장기 시절에 어머니에게서 느꼈던 것과 같다고 말했다.

그는 자신이 잠재의식 차원에서 아내를 어머니로 여겼다는 걸 알고 큰 충격을 받았다. 전문가가 그의 상태에 관한 진실을 명확히 밝혀주자 왜 자신이 아내에게 그런 식으로 반발했는지 이해할 수 있었다. 현재 제이슨 부부는 행복한 결혼생활을 하고 있다. 그러나 비슷한 과정을 겪고 있는 많은 부부들이 이혼에 이르기도 한다.

단절된 관계

어떤 가정에서 부부가 이혼을 하면 위와 동일한 시나리오가 펼쳐지기도 한다. 이혼한 어머니는 정서적으로 황폐해져서 자신에게 필요한 모든 걸 아들에게서 채우려고 애쓴다. 그러나 아들은 원래 정서적으로 어머니와 유대 관계를 잘 맺지 못할 뿐더러 그런 어머니 때문에 힘든 고통을 성적 표현으로 표출하려는 경향이 있다. 그것이 정서적인 아픔을 덜어내려고 제이슨이 여성과의 육체적 관계에 의지한 이유다.

게다가 여성과 정서적으로 연결되고 싶어 하는 그의 정당한 욕구가 여기에 혼합되어 있다. 그러나 그는 아내에 대한 부정적인 인식 때문에 직장이나 다른 사회 환경에 있는 여자들과 정서적인 연결을 모색했다. 사람들은 종종 그를 바람둥이로 여겼지만 그는 자신의 그러한 행동을 부인했다. 아내를 둔 남자가 바람을 피우는 것 역시도 '어머니와 아들의 유착 관계'(bond, 보통 '유대'라고 번역하지만 여기서는 건강한 유대 관계와 구별하기 위해 '유착'으로 해석했다 - 역자 주)가 근본 원인이다.

오늘날 수많은 부부들의 결혼생활이 위기에 놓여 있다. 어떤 연구 조사는 그리스도인 부부의 이혼율이 믿지 않는 부부의 이혼율보다 높다고 밝힌다. 거기에는 많은 이유가 있지만 사람들은 그중 한 가지에 대해서는 좀처럼 말하지 않는다. 그것은 아들이 청소년기를 지나는 동안에 어머니와 정서적으로 부적합하게 유착되는 것과 관계가 있다.

많은 기혼 남성들이 아내와 유대 관계를 갖지 못하는 게 청소년기에 일어난 '어머니와 아들의 유착 관계' 때문인 경우가 종종 있다.

폴 헥스트롬 박사는 《Broken Children, Grown Up Pain》(깨진 자녀들, 성장하는 아픔)에서 이렇게 설명한다.

"아내와 정서적 유대 관계가 없는 남편은 아내를 잠자리의 상대나 집안 청소를 하고 아이들을 돌보는 사람으로 간주한다. 그런 남편은 아내를 감정이 있는 인격체로 여기지 않는다!"[19)]

그 결과 남편은 정서적으로 아내와 거리를 두지만 자신이 그렇게 하고 있다는 걸 알아차리지 못한다. 하지만 아내는 그 사실을 정확히 알고 있다. 그래서 정서적인 차원에서 남편과 연결되려고 애쓰지만 남편은 아내가 자기를 통제하고 조종하려 한다고 인식할 뿐이다. 이것이 갈등을 일으킨다.

아버지와 어머니가 서로 끈끈한 관계가 아니라면 어머니는 장남과 끈끈해지려고 한다. 정서적으로나 실제적으로나 아버지가 없는 경우에도 이런 일이 일어날 수 있다. 정서적으로 필요한 걸 남편을 통해서 채우던 한 여자가 그러지 못할 때 그걸 아들에게서 찾으려고 할 수가 있다.

부모가 자녀들을 인정해주는 면에서 많이 서툴고, 사랑한다는 말도 잘해주지 못하고, 혹은 창피를 주는 방식으로 자녀들을 양육한다면 결국에는 그 결과물이 성인이 된 자녀들의 결혼 관계의 문제를 통해 표면으로 떠오르게 된다.

내적 갈등 해소하기

아들이 청소년기에 어머니와 유착되면 아들은 반항한다. 왜냐하면 남자아이들은 일단 청소년기에 접어들면 어떤 형태로든 성적 표현이 있어야만 여성과 정서적으로 유대 관계를 갖도록 되어 있는데, 어머니와는 그런 표현이 가능하지 않기 때문이다. 그들은 그 시기 동안에 어머니에게서 독립하여 성장해야 함에도 불구하고 어머니의 정서적 통제에 예속되어 있다는 걸 발견한다. 이 모든 것들은 잠재의식적으로 발생한다.

대중 강사로 활동하는 고든 댈비(Gorden Dalbey)는 《Healing the Masculine Soul》(남성의 영혼을 치유하기)에서 다음과 같이 설명한다.

"어머니에 대한 초기의 신체적 의존이라는 기본적인 사실 말고도 어머니와 아들의 유착 관계의 경험 또한 아들이 나중에 여성들과 갖는 관계에 영향을 끼친다. 만약에 어머니와의 유착 관계가 아들을 고통스럽게 했다면(어머니가 그 아들을 임신하기를 원하지 않았기 때문일 수도 있다), 혹은 부적절했다면(어머니가 아들에게 유혹적이었기 때문일 수도 있다) 아들이 나중에 여성과의 신체적 결합을 고통이나 불안과 관련지을 수도 있다.

그러면 아들은 한 여자에게 전념할 줄 모르는 자유분방한 바람둥이가 되거나 아내에게 정서적으로 상처 받는 걸 두려워하는 까다로운 남편이 되어 성관계에 대한 강박증을 갖게 될 수도 있다. 어머니와 아들의 유착 관계의 생물학적, 정서적 강도(強度)를 감안할 때 어머니가 갖고 있는 아들과의 동질감을 능가하는 누군가만이 아들을 책임성이 있고 개성을 지닌 한 성인으로 이끌 수 있다. 오직 아버지만이 그러한 요구 사항을 충족시킨다."[20]

어머니와의 정서적 유착으로 인한 내적 갈등이 해소되지 않은 경우, 젊은 남성들은 잠재의식적으로 느끼는 이런 유착과 통제에 반항한다. 특히 청소년기 후반에는 어머니와 애증 관계가 된다. 또 그런 정서적 고통을 처리하려는 수단으로 자위행위를 하거나 포르노에 몰두하거나 청소년기에 이미 혼전 성관계를 가질 수가 있다. 그들은 어머니에게서 독립하려고 애쓴 결과로 마침내 어머니를 떠나고, 그것이 어머니에게는 정신적으로 엄청나게 큰 충격이 될 수 있다.

어머니가 청소년기의 아들과 정서적으로 유착하려고 하면 아들은 성인기에 접어드는 시기에 이런 반항을 종종 잠재의식적으로 느낀다. 아들은 무의식적으로 자신에게 이렇게 다짐한다.

'다시는 여자에게 통제받지 않을 거야!'

이런 다짐은 아들의 연애와 결혼에까지 영향을 미칠 수 있다. 그러면 아들의 아내는 남편이 자신의 정당한 조언을 비난으로 간주하고, 정서적 차원에서 자신과 이야기하기를 거부하는 것 같은 느낌을 받는다. 그렇게 남편은 아내에게 입을 다물어버리거나 아내의 조언에 반발한다.

고든 댈비는 설명한다.

"아들이 남성성의 강력한 신체적 발아(發芽)로 가득해지는 사춘기에 도달하면 아버지의 역할이 결정적으로 중요해진다. 만약에 이 시기에 아버지가 아들을 엄마로부터 불러내 남자들 사이에서 아들과의 남성적인 유대 관계를 형성하지 않으면 아들에게서 자라는 남성성이 어머니와의 자연적인 유착 관계에 압도되어 온통 어머니에게 열중하게 된다. 나중에 사랑하는 여성과도 제대로 교제할 수 없게 된다.[21]

어머니에게서 떨어져 남성성으로 이끌어줄 아버지가 없으면 그 아들은 여성을 성적으로 정복하는 게 남성적인 줄 알고 성장할 확률이 높다. 그러나 남자다움은 여성을 성적으로 정복해서 생기는 게 아니라 전쟁에서처럼 다른 남자도 아닌 자신을 정복하는 것에서 생겨나는 것이다."[22]

고든 댈비는 어떻게 이것이 남자의 정체성에 그 이상의 영향을 끼칠 수 있는지 설명한다.

"엄마의 그물에 엉킨 아들은 자기가 나중에 평생의 소명(창 2:24) 안에 있는 아내로서 동행할 또 다른 여성과 교제할 수 없다는 걸 깨닫게 될 수도 있다. 그는 결혼생활 안에서 한 여성과 유대 관계를 맺지 못하거나 건강한 우정 관계 안에서 한 남자와 유대 관계를 맺지 못할 때 동성애 충동의 포로가 될 수도 있다."[23]

이런 이유로 성숙한 그리스도인 남자들조차도 도덕적으로 실패할 수가 있다. 규율이 잡혀 있는 그리스도인들이 그들의 삶에 전념함에도 불구하고 '어머니와 아들의 유착 관계'의 근본 원인이 되는 내적 싸움을 해결한 적이 없기 때문에 결국에는 그 싸움에서 패배하고 만다. 그런 남자들이 치료받을 수 있도록 그들의 고통의 근본 원인으로 다시 데려가는 데는 하나님의 은혜가 필요하다.

의존 상태에 대한 두려움

폴 올슨(Paul Olsen)은 《Sons and Mothers》(아들과 어머니)에서 단언한다.

"한 남자가 인생에서 체험할 수 있는 많은 일 중에서 가장 두려운 건 어머니의 보살핌을 받아야 하는 유아기로 회귀하는 것이다. 남자는 자신이 만나는 모든 여성들이 어머니를 상징한다고 무의식적으로 생각하고, 자신이 어머니의 보살핌을 받는 아이가 될까 봐 두려워한다."[24]

아들이 유년기에 남자끼리의 어떤 성적 관계에 노출되었을 때는 이런 문제가 악화된다. 그런 아들은 성인이 되어 결혼하고서도 아내 외의 다른 여성들과 긴밀한 관계를 가짐으로써 자신의 이성애적 성향을 증명하려고 잠재의식적으로 애쓰게 된다.

어떤 아버지가 정서적 혹은 신체적으로 아들을 버릴 때 그 아들은 아버지에게서 받아야 할 인정을 다른 곳에서 얻으려고 한다. 여성을 통해서나 또 다른 남성을 통해서 얻으려고 한다. 그 아들이 유년기에 남자끼리의 어떤 성적 관계에 노출된 적이 있다면 동성애 쪽으로 치우친 상태로 성인이 되거나 여성들을 성적으로 정복하면서 자신의 이성애 성향을 입증하려고 한다.

TV 시트콤 시리즈인 〈내 사랑 레이몬드〉(Everybody Loves Raymond)는 어머니에게 맹목적으로 사랑받는 두 아들에 대한 이야기다. 아내에게 상처를 주면서까지 어머니에게 헌신적으로 하는 두 아들 사이에 계속 갈등이 일어난다. 그 가정에서 아버지는 아내를 정서적으로 학대한다. 어머니는 정서적으로 필요한 걸 특별히 사랑하는 아들인 레이몬드에게서 채우려고 한다. 그 가정에서 벌어지는 크고 작은 상황이 꽤나 웃기고 재미있지만 슬프게도 문제의 깊이를 매우 정확히 묘사한다.

《Discovering the Mind of a Woman》(여성의 마음을 발견하기)의 저자인 켄 나이르(Ken Nair)는 그런 문제에 대한 완벽한 사례를 인용했다.

한번은 그가 어떤 부부를 상담하고 있는데 남편이 아내를 치료하는 그의 방식에 반발했다. 그가 남편에게 먼저 말했다.

"아내가 남편에게 '지난 어머니날에 당신이 어머니를 식탁의 상석에 앉혀드리고, 제일 먼저 어머니의 식사 시중을 들겠다고 고집했어요!'라고 말하는 상황을 생각해보겠습니다."

그러자 남편이 응수했다.

"뭐가 문제죠? 어머니날이잖아요!"

이에 아내가 방어적인 어조로 말했다.

"나도 엄마예요. 그것도 당신 애들의 엄마라고요! 하지만 당신은 늘 나 몰라라 하는 것 같아요."

그러자 남편은 말했다.

"단지 당신을 행복하게 해주려고 우리 어머니를 사랑하는 걸 멈출 수는 없어."

남편의 이 말은 자기가 아내의 마음에 귀를 기울이지 않고 있다는 걸 명확히 예시했다.[25]

이 남편은 언제나 아내의 마음에 상처를 주면서까지 어머니의 필요를 중시했다. 그는 아내와 단 한 번도 정서적 유대 관계를 형성한 적이 없었고, 어머니에게 여전히 유착되어 있었다. 이런 일이 일어나면 남편은 아내와 멀리 떨어지려고 한다. 자기 어머니가 자기를 통제한다고 믿는 그가 무의식중에 아내를 어머니로 간주하고 있기 때문이다.

아들의 행동이 어머니 앞에서 급변하고, 이에 아내가 소외감을 느낀다면 그 어머니와 아들 사이에 '유착'이라는 문제가 있다고 확신해도 좋다. 이런 문제는 보통 이 유착으로 인한 고통을 처리하기 위한 잠재의식적인 시도로 아내가 아닌 다른 여성들과 더 친밀해지는 결과를 낳는다. 그래서 그는 자신도 모르게 바람둥이가 된다. 다른 여성들을 통해 자신 내면의 정서적 욕구를 잠재의식적으로 충족시키는 것이다.

존 엘드리지는 《마음의 회복》에서 이와 유사한 뿌리 깊은 문제를 기술했다. 이 책에서 그는 그 문제를 어떻게 발견했는지에 관해 개인적인 차원으로 설명한다. 그는 남편이 자신을 정서적으로 아내에게 드러내지 못할 때 무슨 일이 일어나는지 발견했다.

남자가 남자 역할을 거부할 때 그의 아내는 공허감과 무력감에 빠지기 십상이다. 폭력성이 있는 남자는 말로 아내를 기죽이고, 침묵하는 남자는 아내를 사랑에 굶주리게 만든다. 한 친구가 내게 그의 새 신부에 대해 "아내가 점점 기운이 빠지는 것 같아"라고 말했다. 그때 나는 "자네 아내가 그렇게 변해가는 이유는 자네가 뭔가를 억누르고 있기 때문일세"라고 대답했다.

실제로 둘 사이에는 대화와 애무가 부족했다. 둘이 함께 나누는 즐거움이 없었다. 이런 현상은 아주 다양한 형태로 나타난다. 결국 남자가 더 편안한 삶을 찾아 아내와 자식, 그리고 빚까지 남겨두고 떠나는 것은 그들을 위해 그의 힘을 쓰지 않는 것이다. 당연히 그들을 위해 힘을 써야 하지만 오히려 그들을 희생시키는 짓이다. 26)

아버지에 대한 상처

오늘날 우리가 도덕적으로 결핍된 사람들을 어느 때보다 더 많이 보게 되는 또 다른 이유는 베이비부머 세대(미국의 경우에 1946년-1965년 사이에 제2차 세계대전이 끝난 뒤 미루어졌던 결혼이 한꺼번에 이루어져 폭발적으로 생겨난 세대) 때문이다. 그들은 아버지가 없는 세대다. 우리는 이혼 가정과 아버지 없는 가정이 1960년대 이후부터 지속적으로 증가하는 걸 목격했다. 이것이 오늘날 성인이 된 그들의 마음 안에 깊은 상처를 낳았다.

빌 클린턴 전 대통령이 당시 백악관 인턴 직원이었던 모니카 르윈스키와 벌인 성적 추태는 자신과 가족들은 물론이고 국가에까지 망신을 주었다. 더욱이 전국적으로 방송되는 TV에 나와서 국민들에게 사실을 거짓말로 은폐하려 했다. 그는 그런 성적 추태로 역사에 영원히 기억될 것이다. 이에 대해 고든 댈비는 설명한다.

어떤 남자가 도덕적으로 결핍된 환경에서 성장하면 수치심을 갖게 된다. 그것은 그 사람을 마약과 포르노에서 일중독과 종교적인 율법주의에 이르기까지 강박적이고 중독적인 다양한 행위에 빠져들게 한다. 그들은 자신의 상처를 은폐할 때 낙태와 성병 감염, 각종 범죄와 가정 폭력의 행태를 보이면서 말라기서 4장 6절에 기록된 땅에 대한 저주가 현실화된다.

그런 사람들은 여성들을 두려워하고, 다른 사람들을 불신하며, 하나님에 대해서도 근시안적 시각을 갖게 된다. 결국에는 합당한 삶의 길에서 옆으로 새게 된다. 한 가지 전형적인 사례로 클린턴 전 대통령의 성적인 죄가 만천하에 수치스럽게 드러나는 동안, 그가 어머니의 배 속에 있을 때 아버지가 세상을 떠났고, 이후에 몇 명의 양아버지들이 알코올중독이거나 폭력적이었다는 사실을 주목한 정치 평론가들은 거의 없었다.

그는 남성적인 영혼에 깊은 상처를 갖고 있던 데다가 건강한 남성상보다는 오히려 부정적인 영향을 주는 남성들을 지속적으로 접했다. 그 결과 그는 어머니에게서 안도감을 추구하면서 성장할 수밖에 없었고, 자신의 남성성에 대한 확증을 여성들에게서 찾는 법을 배웠다. 그러나 세상의 그 어떤 여성도 그렇게 해줄 수 있는 능력은 없다. 또한 그런 남자가 상처를 안고 하나님께 나아가지 않는다면 자신의 남성성을 찾아서 여러 여자들을 찾아다니며 영원히 열매 맺지 못하는 행동에 빠져들게 된다.

미국의 국민들은 그 사건 때문에 빌 클린턴의 리더십과 권위에 대한 회의와 심지어 모멸감마저 느꼈고, 그는 값비싼 대가를 치렀다. 그가 자신의 선택에 책임져야 한다는 데는 이론의 여지가 없다. 그러나 아버지에 대한 상처가 파괴적인 만큼, 그런 상처를 행동으로 표출하는 사람들을 수용하기 충분한 감옥을 지을 만한 벽돌과 시멘트가 없다는 것도 알아야 한다. 아버지에 대한 상처는 우리 가운데에 퍼진 치명적인 전염병이다. 아버지에 대한 상처를 갖고 있는 남자들은 수치의 그늘에 숨는다.[27]

2009년 12월, 골프 선수 타이거 우즈는 가정적이고 세련된 인물에서 옐로페이퍼(yellow paper, 선정적인 보도 위주의 신문)의 주인공으로 전락했다. 부도덕한 행동과 결혼생활 내내 저질렀던 부정(不貞) 때문이었다. 세상에 남부러울 것 없을 것만 같은 타이거 우즈와 같은 유명 인사들이 도덕적으로 넘어질 때 종종 언급되는 질문이 있다. "어떻게 그렇게 아름다운 아내를 두고 한눈을 팔 수가 있을까"이다.

그는 어머니와 아들의 유착 관계에 깊은 영향을 받은 남자의 전형적인 모습을 보여준다. 그는 외아들이다. 그의 부모는 그가 성장한 뒤에 이혼했지만 이혼 서류에 최종적으로 도장을 찍기까지 많은 세월 동안 그 결혼생활이 순탄치 않았으리라는 건 누구나 짐작할 수 있다. 아버지 얼 우즈는 아내에게 성실하지 못했다. 타이거 우즈의 고등학교 시절의 여자친구였던 디나는 그가 종종 아버지의 부정한 행실 때문에 속상해하며 울면서 자신에게 전화했다고 한 인터뷰에서 말했다.

"그는 나와 통화하면서 '아버지는 지금 다른 여자랑 있어'라고 말하곤 했다. … 그는 아버지 때문에 속상해했고, 나는 그를 위해서 조용히 들어주곤 했다."

계속해서 그녀는 그가 아버지를 사랑했지만 부정한 행실을 극복한 건 결코 아니었다고 하면서 그가 아버지와 똑같은 행동을 했다는 게 그저 흥미롭다고 말했다.[28)]

우리는 그가 어머니와 함께 있는 모습을 종종 본다. 두 사람 사이의 유착 관계는 틀림없이 강했을 것이다. 그리고 이는 그가 아내 엘린과 진정한 유대 관계를 형성한 적이 없을지도, 또 어머니와의 유착으로 인해 생긴 정서적 고통을 처리하지 않았을지도 모른다는 걸 의미한다. 그래서 결국 그가 점점 나이를 먹어가면서 부적절한 방식으로 내적 갈등을 해소하게 되는 결과를 낳고 말았을 것이다. 아마도 그가 결혼생활을 하는 동안에 아내와 유대 관계를 형성한 적이 거의 없기 때문에 결혼 관계 밖에서 다른 여자들과 가까워지려고 애썼던 게 아닌가 생각된다.

적절한 신체 접촉과 애정 없이 자란 남자가 성장하면 결혼생활에서 엄청난 성욕을 지닌 남편이 될 확률이 높다. 그는 성장하면서 신체적인 접촉을 경험하지 못했기 때문에 배우자에게 사랑받는 걸 남녀간의 육체적 관계로만 관련짓는다.

그는 아내가 잠자리에서 자기를 만져주고 안아주기를 원하지만 그런 육체적인 분위기 이외에는 원하지 않는다. 그는 잠자리 이외의 상황에서 아내를 부드럽게 안아주거나 손을 잡거나 애정을 표현하기가 어렵다는 걸 발견한다. 그리고 남편의 그런 강렬한 성욕 때문에 아내는 때로 자기 남편이 성 중독자라는 잘못된 결론을 내릴 수도 있다.

하지만 그의 생활에서 포르노 시청이 지속적으로 반복되지 않는다면 성 중독자는 아니다. 단지 어렸을 적에 사랑으로 양육되지 못했을 뿐이고, 아내를 통해 그런 필요를 충족하려고 애쓴 것이다. 그러나 그녀에게는 그가 필요한 걸 적절하게 채워줄 능력이 없다. 그것은 하늘 아버지께로부터 오는 치유를 요하는 사랑의 결핍이기 때문이다. 그는 그 필요가 채워질 때까지 자기의 성적 욕구를 충족시켜달라고 아내를 계속 졸라댄다.

고통을 처리하는 방법

어떤 관계에 정서적으로 충족되지 않은 게 있을 때 결혼생활에 균열이 생길 수 있다. 그럴 때 남편과 아내는 각기 다른 방식으로 대처하는 법을 배운다. 기독교 상담자이며 심리학자인 래리 크랩

(Larry Crabb)은 신뢰 면에서 문제가 발생했을 때 남성과 여성 모두가 내면의 깊은 고통을 피하기 위해 사용하는 독특한 전략을 다음과 같이 요약했다.

우리 모두는 하나님보다 못한 것에 열중하는 늪에 빠져 있다. 많은 여성들은 '하나님보다 못한 것'으로 인간관계를 통제하려는 욕구에 열중한다. 그들은 말한다.

"다시는 상처 받지 않을 거야. 나는 사랑하는 사람들에게 절대 상처주지 않을 거야. 내가 두려워하는 일이 또다시 일어나도록 내버려두지 않겠어!"

이렇게 그들은 상처 받기 쉬운 마음으로 자신들을 다른 사람들에게 드러내는 걸 두려워하면서 살아간다. 그들은 있는 모습 그대로를 다른 사람들에게 보여주기 보다는 그들을 통제하고 지배하는 단호한 관리자가 되려고 한다. 자신의 연약함을 인간관계를 통제하는 단단한 벽 뒤에 안전하게 숨긴 채 말이다.

반면 남성들은 더욱 공통된 현상으로 '하나님보다 못한 것'으로 인간관계 자체를 기피하려고 한다. 그들은 말한다.

"어떤 사람과 의미 있는 관계를 맺지 않아도 깊고 충분한 만족감을 얻을 수 있어!"

그들은 가족들과 친구들과의 관계를 피상적 차원에서 안전하게 유지한다. 그러면서 그런 삶의 방식으로는 결코 느낄 수 없는 기쁨과 깊은 인간관계로만 얻을 수 있는 기쁨을 체험할 수 있는 상태에 이를 수 있다고 느낀다.

그들은 두 가지에 전념한다. 하나는 다른 사람들을 가까이함으로써 자신의 약점을 드러내는 위험을 감수하지 않는 거고, 다른 하나는 그러한 원칙을 고수하며 자신이 강한 남자라는 것과 살아 있다는 걸 느끼는 것이다. 경제적인 면에서 능력을 갖는 것과 부정한 성관계를 갖는 게 그들이 그 목표에 도달하기 위해 즐겨 사용하는 전략이다.[29]

죄를 드러내시는 하나님

타이거 우즈는 죄를 은폐하려고 함으로 결국 더 큰 굴욕을 맛봤다. 처음부터 그가 죄를 회개하고 올바른 태도를 보였다면 그렇게 심한 굴욕을 당하지는 않았을 것이다.

당신이 하나님을 믿는다고 해도 죄와 타협하며 살면 삶에 있어서 믿음에 대한 확신을 잃게 된다. 성경은 우리의 죄를 서로 고백해야 한다고 말한다(약 5:16). 죄를 떨쳐내려는 당신의 몸부림을 빛 안으로 가져가는 바로 그 행동이 치유를 가져다줄 것이다.

내 친구 포드 테일러는 "하나님께서는 우리가 감추는 걸 드러내시고 우리가 드러내는 걸 감추신다"라고 말했다. 우리가 죄를 감추려고 애쓰면 사탄은 우리에게 굴욕을 줄 합법적인 권리를 갖게 된다. 그리고 그럴 때 사탄은 공개적으로 우리에게 굴욕을 줄 것이다. 당신이 공적인 인물일수록 굴욕은 더 커질 것이다. 그러나 회개와 겸손을 택하면 하나님께서는 그분의 크신 은혜로 당신을 덮어주실 것이고, 당신은 더 신속하게 회복될 것이다.

또 다른 상처를 차단하려는 두려움으로 세운 마음의 벽 또한 사랑이 들어오지 못하게 막는다.

말하지 않은 이유

어머니와 아들의 유착 관계가 해결되지 않은 상태로 남아 있는 경우, 나이가 들면서 그 아들의 부정적인 행동은 잠재의식적인 차원에서 인격의 일부가 된다. 그는 자신의 행동이 비정상적이라는 걸 의식하고 자기에게 문제가 있다는 걸 이해할 때까지 부정적이고 갈등이 반복되는 세상 속에서 독립적으로 살아간다.

그의 아내는 "대체 왜 그는 내게 말하려고 하지 않는 걸까, 왜 내 조언에 그토록 방어적일까" 하는 생각에 빠진다.

그런 상태에서 벗어나는 길은 남편에 관한 진리를 아는 데 이르는 것이다. 성경은 진리가 당신을 자유롭게 해줄 거라고 말한다 (요 8:32). 인간에게는 이런 관계 때문에 겪는 삶의 고통에서 벗어나 마음을 치유해줄 하나님이 필요하다. 또한 인간은 자신의 행동으로 배우자에게 끼친 고통을 회개해야 한다. 하나님께서는 우리가 그 문제를 처리하도록 종종 우리를 결혼생활의 위기 상황으로 밀어넣으신다. 남편은 자신의 행동과 그것의 뿌리 양쪽 모두를 처리해야 한다.

남편은 이런 문제의 이면에 어머니와 아들의 유착 관계에 뿌리내린 사랑 없는 마음이 있다는 걸 인정해야 한다. 이 때문에 자신이 아내를 진정으로 사랑하지 못했다는 걸 알아야 한다. 실제로 남편은 아내에 대해 자신에게 이렇게 말해야 한다.

"아내는 나를 통제하고 조종하려고 했던 우리 엄마가 아니야!"

대부분의 사람들은 자신에게 문제가 있다는 걸 이해해야 비로소 변화하기 시작한다. 무엇인가가 잘못되었다고 당신의 배우자에게 불평하는 것으로는 충분하지 않다. 남자는 문제의 이유와 그것을 바로잡는 방법을 이해하기 전까지는 변화해야 할 동기를 갖지 못한다. 그래서 문제의 이유와 그것을 바로잡는 방법을 이해하는 게 중요하다.

마음을 치료받지 못했을 때 우리는 압박감을 덜어낼 목적으로 성취를 통해 문제를 해결하려고 한다. 하지만 근본적인 문제는 결코 치유되지 않는다. 그 예로 남자들이 쉽게 당하는 유혹이 남자라는 인정을 하나님이 아닌 아내나 다른 여성에게 받으려고 한다는 것이다.

여기에 마찬가지로 작용하는 다른 요소도 있다. 어떤 아들이 변덕스럽게 성질을 부리는 어머니 밑에서 자라면 여성의 분노를 두려워하면서 자라게 된다. 대개 이런 가정에서는 아내가 폭발하면 아버지들이 그 자리를 피함으로 아들을 엄마의 감정 발작의 먹이로 넘겨준다. 그러면 아들은 여자에게 맞서는 충돌과 언제 터질지 모르는 여자의 감정 폭발과 그 여자가 자신을 떠날 거라는 두려움 때문에 그 어떤 여자에게도 맞서기를 겁내면서 성장한다.

아들은 이러한 두려움에 굴복하고 결국에는 자기의 힘을 여자에게 넘겨주는 남자로 성장한다. 이것이 그 아들의 결혼생활에 '이세벨의 영'(다른 사람들을 악의로 조종하고 통제하는 악녀를 상징)이

들어오도록 문을 열어줄 수가 있다. 아합 왕이 가정의 리더십을 여자에게 양보했던 것처럼.

이를 해결하는 방법은 남자가 '섬김의 리더십'을 통해 참된 남자로서 힘을 발휘하는 것이다. 일반적으로 여자는 남자가 이렇게 새롭게 발휘하는 힘이 남자에 대한 그녀의 통제력을 위협한다고 인식하기 때문에 처음에는 거부한다. 그러나 경건한 여성은 자기에게 남자의 힘이 실제로 필요하다는 걸 인정하게 되고, 마침내 그 힘을 더욱 사모할 것이다. 반면에 이 시나리오에서 단지 남자의 엄마를 대신한, 경건하지 않은 여성은 남자를 떠날 것이다.

어머니를 위한 조언

당신이 한 가정의 어머니이고 어머니와 아들의 유착 관계라는 함정을 피하고 싶다면 자신에게 이 질문을 해보라. 이것은 당신이 아들과 어떤 관계인지 알 수 있도록 해주는 질문이다.

"나는 정서적으로 필요한 걸 아들을 통해 채우려고 하는가, 아들이 성숙하고 독립된 남자로 자라도록 돕고 있는가?"

단순히 이렇게 질문하기만 해도 당신과 아들의 관계가 건강한지 아닌지 알 수 있을 것이다. 어머니는 아들이 건강한 성인 남성이 될 수 있도록 도와야 한다. 구체적인 방안으로 다른 남자들과 상호작용을 할 수 있게끔 반드시 길을 찾아주어야 한다.

유대인의 성인식인 '바르 미츠바'는 열세 살 소년의 남성성을 아버지와 지역 사회가 인정해주는 유대 문화의 의식으로, 모든 남자 아이들이 거쳐야 하는 통과의례다. 이때 어머니는 아들을 정서적으로 놓아주어야 한다.

아들이 십 대 후반이 되면 어머니에게서 정서적으로 잘 분리될 수 있도록 격려해야 한다. 그렇게 하면 정서적으로 건강한 남자가 되어 가는 아들의 모습을 보게 될 것이다. 십 대 소년의 삶에는 그 아이가 자신의 남성성 안으로 들어갈 수 있도록 이끌어줄 다른 남성들과의 건강한 관계가 필요하다.

성인이 된 아들을 위한 조언

당신이 성인이 된 아들이자 한 여자의 남편으로서 어머니와 아들의 유착 관계에 영향을 받았다는 걸 인정한다면 지금 당장 변화를 모색해야 한다. 사실상 당신은 정서적으로 어머니를 떠나 아내와 연합한 적이 없었을 것이다. 어쩌면 당신은 이 문제에 관해 어머니와 대화를 해야 할지도, 그럴 필요가 없을지도 모른다. 그러나 다음에 나오는 세 가지는 반드시 시작해야 한다.

첫 번째 어머니와의 관계에 경계선을 설정하라. 삶의 1순위가 아내라는 걸 어머니에게 꼭 인식시켜야 한다. 삶의 우선순위를 어머니에게서 아내로 이동시키는 게 많은 남성들에게 어려울 수 있다.

어머니를 배신하고 불효를 저지르는 것처럼 느껴지기 때문이다. 그러나 그것은 배신도 불효도 아니다. 아내를 사랑하고 정서적으로 유대를 형성하기 위해서 건강하지 못한 끈 하나를 잘라내는 것일 뿐이다.

두 번째 아내에게 도움을 청하고 조언을 구하라. 아내에게 당신과 어머니 앞에서 소외감이 들 때 바로 알려달라고 말하라. 이렇게 아내의 지적을 기꺼이 받아들이려는 태도를 보이면 당신이 진지하게 변화를 모색하고 있다는 게 아내에게 증명될 것이다.

세 번째 정서적인 차원에서 아내에게서 물러나기를 거부하라. 아내가 단지 정서적으로 당신과 교류하려고 애쓰는 것에서 어머니와 아들의 유착 관계의 기억으로 인해 아내에게 통제받고 있다는 느낌을 받을 수 있다. 그런 느낌이 들 때 의식적으로 "그녀는 나를 통제하고 조종하려고 했던 우리 엄마가 아니야. 내 아내야"라고 자신에게 큰 소리로 말해야 한다. 그러면 당신의 아내를 정서적으로 사랑하게 되면서 그런 느낌은 연기처럼 사라질 것이다.

남성을 위한 조언

아버지의 부재와 깨진 결혼생활로 인해 증가한 사회의 역기능 현상들은 많은 고통과 상처를 안고 사는 세대를 예고했다.

남성들이여! 우리 영혼의 원수가 우리에게 교묘하게 거짓말하는 걸 식별하는 게 중요하다. 그 거짓말은 "그녀가 없으면 나는 살 수 없어"라는 것이다.

오늘의 문화에서 남성들은 여성의 성(性)을 우상숭배의 위치로 올려놓았다. 당신이 어머니와 아들의 유착에 영향을 더 받을수록 이런 거짓말에 속아 넘어가기가 더 쉬워진다. 빼어난 몸매의 매력적인 여자에게 우리의 힘의 원천이 될 능력이 있는 것이 아니다. 우리가 진정으로 하나님을 섬기는 사람들이 되고자 할 때 오직 하나님만이 우리의 힘의 원천이 되실 수 있다. 건강한 결혼생활은 배우자의 정당한 필요를 충족시켜줄 수 있다. 그러나 남편과 아내 모두 하나님을 원천으로 삼아야 한다.

● ● ● ● ● ●

✻ 이번 장에 담긴 어머니와 아들의 유착 관계에 관한 진실과 관련하여 폴 헥스트롬 박사가 수행한 광범위한 연구에 감사의 뜻을 전하고 싶다. 나는 그런 진리를 그를 통해 처음 알게 되었다. 이 책에서 독자들과 나눌 수 있게 허락해준 그에게 감사하다.

· · ·

많은 군대로 구원 얻은 왕이 없으며
용사가 힘이 세어도 스스로 구원하지 못하는도다
구원하는 데에 군마는 헛되며 군대가 많다 하여도 능히 구하지 못하는도다
여호와는 그를 경외하는 자 곧 그의 인자하심을 바라는 자를 살피사
그들의 영혼을 사망에서 건지시며 그들이 굶주릴 때에 그들을 살리시는도다

시 33:16-19

욕심에서
내려놓음
으로

⋮

욕망의 덫에서
빠져나오라

8

우리 영혼의 원수가 우리를 잡으려고 놓는 덫 가운데 하나가 '성취의 덫'이다. 내 경우에는 특히 더 그랬다. 사탄은 내가 어렸을 때 내 앞에 성취라는 가장 달콤한 덫을 놓았다.

매주 우리 집 앞마당의 잔디를 깎는 일은 내 몫이었다. 어느 날 몇 군데를 빼먹고 잔디를 깎았는데, 어머니가 나를 즉각 앞마당으로 데려가 일일이 지적하셨다. 어머니는 앞마당에서 일하는 걸 좋아하셨고, 그곳에 대한 자부심이 있었다. 누구든지 어머니의 앞마당 잔디를 깎으려면 제대로 깎아야 했다. 이후로 나는 단 한 곳도 빼놓지 않고 다 깎았다. 심지어 지금도 나는 우리 집 앞마당의 잔디를 대충 깎는 법이 없다.

나는 수줍음을 많이 타는 아이였다. 부모님은 그런 내 성격을 고쳐주려고 운동을 시켰다. 우리 동네에는 미식축구를 하기에 좋은 공터가 있었고, 나는 아이들과 즉석에서 편을 짜서 미식축구를 자주 했다. 나는 또래보다 키가 큰 편이어서 언제나 우선적으로 뽑혔다. 또 지역 팀들의 우열을 가리는 챔피언 결정전에 쿼터백과 수비 하프백으로 출전했을 때는 한 번의 기막힌 전진 패스로 경기를 승리로 이끌기도 했다.

미식축구 다음에는 소년 야구단에 들어갔다. 처음에는 우익수로 시작했지만 점차 실력을 인정받아서 1루수 자리를 배정받았다. 그런 다음에는 코치가 공 던지는 법을 가르쳐주어 투수로 활동하기 시작했다. 나는 꽤 좋은 커브 공을 던진 덕택에 열두 살의 나이에 소년 야구 리그 올스타에 선발되었다. 그 큰 경기에서 선발 투수로 뛰었는데 내 커브 공은 내로라하는 타자들에게 정말 잘 먹혀들어갔다. 타자를 겨냥하고 공을 던지면 공이 홈 플레이트 바로 위에서 반대편으로 휘어지면서 투수의 글러브에 빨려 들어가는 게 보였다.

처음에 주심은 내가 던지는 공을 스트라이크 대신에 볼(스트라이크 존을 통과하지 않은, 또는 땅에 바운드한 투구)로 판정했다. 내가 던진 공이 타자와 자신을 맞출 거라고 생각했기 때문이었다. 주심은 경기가 끝난 뒤에 나를 찾아와 내가 던진 커브 공처럼 움직임이 큰 구질(球質)은 생전 처음 보았다고 말했다.

다음은 농구였다. 나는 중학교 농구 팀에서 뛰면서 그런대로 괜찮은 성적을 냈다. 그리고 고등학교에 들어가면서 좋은 농구 선수로의 체격 조건을 갖추게 되었다. 188센티미터의 신장은 가드나 포워드 포지션에 딱 맞았다. 나는 종종 두 가지 포지션 모두를 맡았고 상당히 정확한 점프슛 동작을 익혔다. 코치는 나를 경기장의 끝에 세워 다른 선수들에게 공을 패스하여 득점할 수 있는 작전을 펼치곤 했다. 한 경기에서 26점을 넣어 우리 편의 승리를 이끈 적도 있었다. 전성기 때는 어느 위치에서든지 골을 넣을 수 있었다. 그러나 동작이 느렸고 공을 다루는 재간도 별로여서 내 점프슛은 큰 빛을 보지 못했다. 고등학교 2학년 때 우리 팀은 주 챔피언 결정전에서 4강까지 올라갔다.

다음은 골프였다. 골프는 열한 살 때 시작했다. 처음에는 주일마다 아버지를 따라다니면서 캐디(caddie)로 시작했다. 무거운 가방 두 개를 드는 대가로 받는 20달러는 어린 내게 매우 큰 금액이었다. 나는 꼬마 부자였다. 아버지는 그렇게 내게 골프를 소개해주었다. 그것이야말로 내게 딱 맞는 운동이라는 생각이 들었다. 골프가 좋았고, 그것은 곧 내 스포츠가 되었다. 여름 동안에는 골프 가방을 직접 들고 며칠 동안 45홀을 소화하면서 아예 골프장에서 살다시피 했다.

열네 살 무렵에는 개인 기록을 70차례 정도 갱신했고, 홀인원(3타나 4타 홀에서 공을 한 타만에 골인하는 것)도 세 번이나 기록했다(골프를 치는 사람들은 이게 얼마나 대단한 일인지 잘 알 것이다). 나는 지역에서 열리는 청소년 선수권 쟁탈전을 석권했고, 열다섯 살에는 세계 4대 골프 경기의 하나인 US 오픈이 열린 적이 있었던 보스턴 부르크라인 컨트리클럽에서 개최되는 전미 아마추어 골프 선수권 대회의 출전 자격을 획득했다.

그 대회의 처음 2라운드 동안에 개리 노츠와 함께 경기를 했다.

(그는 나중에 프로골프 선수로 활약했고 현재는 NBC 방송국의 골프 해설자로 활동 중이다). '퍼팅의 달인'이라 불리는 벤 크렌쇼도 그 경기에 참가했다. 고등학교 3학년 때 우리 학교 골프 팀은 주 챔피언 결정전에서 4강까지 올라갔다.

내 자랑이 아니다. 내 유년기 시절의 성취 패턴을 당신에게 명확히 인식시키려고 말한 것이다. 내게 있어서 성취는 가치와 인정과 사랑과 똑같았다. 성장기에 부모님의 다정한 말이나 정서적인 친밀함을 통해 인정받지 못했기에 나는 운동 분야에서 성취욕을 통해 그것을 얻으려고 애썼다. 어른이 되어서는 그 욕구가 인간관계에서 얻는 성취로 바뀌었다.

나는 사람들의 사랑과 인정을 받으려고 그들이 내게 원한다고 생각되는 방식으로 무의식적으로 성취했다. 앞장에서 이것을 가짜 자아 혹은 겉치레로 꾸민 걸 토대로 움직이는 거라고 언급했다. 물론 나도 하나님의 무조건적인 사랑을 체험하려고 분투했다. 그러나 하나님과 친밀한 관계를 구축하기는 어려웠다. 결론은 언제나 성취였다. 그러나 성취를 통해 사랑과 인정을 받으려는 내 욕구는 잠재의식적인 거였고, 나는 그것이 표면으로 떠오르는 걸 알아차리지 못했다.

우리는 우리의 삶을 지켜보는 사람들이나 우리가 영향을 끼칠 수 있는 범위 안에 있는 사람들에게 조언과 의견을 제공한다. 그리고 종종 그 사실에서 우리의 정체성을 끌어낸다. 이것이 하나님 대신에 다른 사람들에게 인정받으려는 마음을 더욱 부추긴다.

과거 상처를 직면하다

고등학교 시절의 어느 날, 고교 대항 골프 토너먼트 마지막 라운드를 끝마치고 집으로 돌아왔다. 당연히 내가 이기기로 되어 있던 경기였다. 나는 경쟁자들보다 앞서나갔다. 그러나 마지막 라운드를 망쳐버렸고, 결국 경기에서 졌다. 정말 괴로웠다. 집으로 돌아오자마자 어머니에게 내 마음을 토로하며 실패자가 된 것 같은 마음에 펑펑 울었다.

그러나 어머니는 그것이 인생의 자연스러운 한 과정이라고 설명하고 위로해주기는커녕 오히려 나무랐다. 그때부터 나는 완전히 변했다. 더 많이 성취하려고 나 자신을 더욱더 압박했다. 하지만 그러면 그럴수록 골프 코스에서 몸은 더 경직될 뿐이었다.

당시 나는 골프 특기생으로 4년 전액 장학금을 받고 사우스캐롤라이나 대학에 진학하기로 예정되어 있었다. 그러나 사탄은 내가 성취에 속박되어 살도록 만들었고, 내 골프 재능을 파괴했다.

내 생애 처음으로 맛본 실패의 경험이었다. 이 실패는 내게 큰 상처가 되었다. 그리고 나는 그 상처로 인해 스물두 살 때 그리스도를 위해서 결단하게 됐다.

하나님께서는 우리가 과거 상처를 돌아볼 수 있게 하신다. 사탄이 우리의 상처를 통해 끊임없이 했던 거짓말을 파괴하기 위해서. 사탄이 그것을 통해서 내게 거짓말을 하고 있었다는 사실을 알아차리기까지는 오랜 세월이 걸렸다.

나는 그 거짓말 때문에 내 인생의 많은 것들을 스스로 파괴했다. 그것은 나를 '성취'라는 다람쥐 쳇바퀴 위에 올려놓았고, '성공한 그리스도인 사업가'인 체하는 가짜 자아를 만들었다. 물론 마음속으로는 주변의 가까운 사람들과 하나님과 친밀하게 교제하려고 힘썼다. 그런 노력은 정서적 친밀함을 한 번도 배우지도, 받지도 못한 내 유년기의 상처와 직접적인 관계가 있었다.

부모님은 내게 정서적 친밀성의 본을 보여주지 못했다. 나는 그 까닭이 부모님 또한 그들의 부모에게서 정서적 친밀성의 본을 보지 못했기 때문이라고 확신한다. 그런 상처는 우리가 성인으로서 그 상처를 인식하고 치료받을 수 있도록 하나님께서 도와주실 때까지 그대로 남는다.

나는 50대 중반의 나이가 되고서야 비로소 고질적인 성취 욕구가 내 삶의 모든 영역에 어떤 영향을 끼쳤는지 깨달았다. 13년 전에 내게 '성취'라는 문제가 있다는 걸 발견하고는 다 처리된 것이라고 생각했다. 그러나 벗겨내야 하는 껍데기들이 더 있었다. 성취욕구에 여전히 속박된 내가 성취의 안경으로 다른 사람들을 바라본다는 걸 발견한 것이다.

어린 시절에는 내가 자신에게 부과한 확신, 즉 부모님에게 인정받으려면 성취할 필요가 있다는 확신 아래서 살았다. 그리고 성인이 되었을 때 그것은 다른 사람들도 내 성취 기준에 맞게 살기를 요구하는 형태로 바뀌었다. 어떤 사람이 내가 기대하는 성취나 탁월성 수준에서 움직이지 못하면 대놓고 혹은 미묘한 방식으로 당사자에게 그런 사실을 짚어주곤 했다.

그런 요구는 도로에서 미숙한 운전자에게 계속 경적을 울려대는 것에서부터 동작이 느린 매표원에게 불친절하게 굴고 특정한 상황에서 혹독하게 비난하는 태도를 갖는 것에 이르기까지 다양한 방식으로 나타났다. 그런 요구는 잠재의식적으로 나타나는 미묘한 것이지만 세상을 바라보는 내 시각을 온통 오염시켰다. 내 내면에서 무의식적으로 외치는 메시지는 '내가 이런 성취의 명령 아래에서 살아야 하니까 너희들도 그래야 돼'라는 거였다.

그렇게 내 삶의 상처를 다른 모든 사람들에게 투사했다. 물론 13년 전 그때 이후에 그런 요구가 내 삶에서 예전처럼 항상 가시적으로 나타난 건 아니었다. 내가 징계를 받은 강인한 기독교 지도자가 되어 있었기 때문이다. 그러나 아무도 보지 못했겠지만 내 내면에서는 여전히 소용돌이가 일고 있었다. 이렇게 다른 사람들에게 성취를 요구하는 태도 또한 성취의 또 다른 형태이다.

성취라는 가짜 자아

존 엘드리지는 《Sacred Romance》(성스러운 로맨스)에서 "우리는 유능함이라는 어떤 형태를 통해 마음을 만족시키고 싶어 한다"[30]라고 했다. 그것이야말로 내게 최상품의 마약이었다.

성취는 사역의 영역에서도 다양한 방식으로 나타난다. 비록 하나님께서 사역의 영역에서 오묘하게 역사하셨고, 나 역시도 하나님께서 행하신 일을 책에 썼지만 성취가 다시 활동을 개시하여 내 사역 안으로 들어온 때가 있었다. 벗겨내야 할 껍데기가 더 있었다.

사역의 영역에서 더 많은 걸 이룰수록 어떻게 해서든지 그런 성공적인 기계 장치를 유지하려는 경향이 더 강해졌다. 내가 성령과 성취 욕구가 서로 분열된 마음을 갖기 시작한 거였다. 그것은 사탄이 현장에서 일하는 지도자를 넘어뜨리려고 사용하는 가장 그릇되고 은밀한 전략이었다.

사탄은 우리가 하나님의 원래 계획보다 더 작게 살아가도록, 언제나 우리에 대한 자기의 거짓말을 믿도록 만들기를 원한다. 성취라는 가짜 자아를 통해 살아가면 하나님 앞에서 우리를 하나의 우상으로 만든다. 과거 상처로 인한 부끄러움, 인정받지 못하고 있다는 수치심은 성취해야만 모든 게 극복된다고 우리를 몰아붙인다. 그러나 하나님께서는 말씀하신다.

인생들아
어느 때까지 나의 영광을 바꾸어 욕되게 하며
헛된 일을 좋아하고 거짓을 구하려는가
시 4:2

하나님께서는 먼저 성취욕에 묶여 있는 우리가 실패하도록 허락하심으로써 성취의 우상을 처리하신다. 그 실패로 과거의 상처로 야기된 고통과 마주하게 한다.

하나님께서 내 성취욕을 분쇄하신 후 나는 내 삶에 있는 하나님의 사랑을 이해하는 데 전념하기 시작했다. 사탄이 늘 내게 거짓으로 속삭였던 성취욕과 인연을 끊었다. 나는 그분의 사랑을 발견했다. 쉬운 과정이 아니었고, 그 사랑을 온전히 내 것으로 만드는 데 몇 개월이 걸렸다.

나는 성경을 더 많이 읽으며 어떻게 해야 그 사랑을 내 것으로 만들까 하는 방법론을 찾았다. 그러나 그 과정조차도 성취의 유혹을 온전히 뿌리치지 못했다. 나는 여전히 진행 중이다.

그러던 어느 날, 내 인생의 멘토 덕분에 하나님의 사랑을 개인적으로 경험했다. 육신의 아버지는 내가 열네 살 때 비행기 사고로 갑자기 세상을 떠나셨다. 어렸던 나는 아버지에게 버림받고 거부당했다고 느꼈고, 그것은 내 성취에 대한 문제로 그대로 인식되었다.

내 인생의 조언자인 그는 외국에 살고 있었지만 그런 문제에서 서서히 풀려나고 있던 내게 몇 가지 점에서 아버지 같은 존재가 되어 있었다. 그날 우리는 당시에 내가 겪고 있던 위기 상황에 대해 통화하고 있었는데, 그가 갑자기 대화의 흐름을 끊더니 말했다.

"오스, 꼭 알아야 할 게 있어요. 나는 당신을 사랑합니다. 정말로 당신을 사랑합니다. 나는 하나님께서 우리에게 특별한 관계를 주셨다고 믿어요. 당신도 꼭 알기를 바랄 뿐입니다!"

뜬금없는 그의 말에 깜짝 놀랐고, 대답할 준비가 되어 있지 않았기에 정중하게 "저도 당신을 사랑합니다. 당신은 제게 정말 많은 것들을 의미해요"라고 말했다. 그러나 그 말의 이면에는 아무 마음도 담겨 있지 않았다. 어떻게 대답해야 좋을지 몰라서 예의상 건넨 말이었다.

다음 날, 내가 매일 거니는 호수 근처를 산책했다. 그런데 그 전날 그가 전화로 해줬던 말이 자꾸 되살아나면서 울음이 터져 나왔다. 30분 동안이나 흐느꼈다. 주님께서 그를 통해 나를 사랑하신 다고 말씀하고 계셨다. 그것은 내 육신의 아버지가 나를 사랑한 다는 걸 내가 잘 알고 있었지만 사랑한다는 말을 한 번도 직접 들 어본 적이 없다는 사실을 떠올리게 해주었다.

또한 성취를 통해 하나님의 사랑을 얻으려고 애쓰는 성향이 내 게 있다는 것도 깨달았다. 그분의 사랑을 얻기 위해서 우리가 할 수 있는 건 아무것도 없다. 우리는 또다시 버려지고 거부당하고 상처를 입을까 봐 두려워하는 마음을 극복하고, 그저 그분의 사 랑을 받아들이기 충분할 만큼 상처 받기 쉬운 마음을 갖기만 하 면 된다.

성경을 더 많이 읽고, 무엇인가를 더 많이 행한다고 그 사랑을 얻을 수 있는 게 아니다. 하나님 아버지의 사랑은 우리가 단순하 게 받아들여야 하는 것이다.

무조건적인 사랑

우리는 종종 사랑받을 만한 행동을 한 경우에만 사랑을 받으 려고 한다. 사랑도 뭔가 행동을 해야 받을 수 있는 거라고 생각한 다. 우리는 그렇게 훈련을 받아왔다. 그러나 성경은 말한다.

너의 하나님 여호와가 너의 가운데에 계시니

그는 구원을 베푸실 전능자이시라

그가 너로 말미암아 기쁨을 이기지 못하시며

너를 잠잠히 사랑하시며

너로 말미암아 즐거이 부르며 기뻐하시리라

습 3:17

하나님께서는 그분이 당신과 나를 얼마나 많이 사랑하시는지, 또 예수님을 사랑하는 우리에게 자신을 어떻게 계시할지 생각하신다.

나를 사랑하는 자는 내 아버지께 사랑을 받을 것이요

나도 그를 사랑하여 그에게 나를 나타내리라

요 14:21

하나님께서는 우리를 향한 사랑의 유형적인 표현으로서 다른 인간존재들을 통해 우리를 사랑하기로 선택하신다. 하나님께서 그날 내 조언자를 통해 행하신 일이 바로 그거였다. 그날 나는 우리의 자녀들에게 말로 사랑을 표현하는 게 얼마나 중요한지를 깨달았다.

우리는 그리스도인으로서 하나님 아버지의 사랑을 구하고 받으려고 종종 성취의 경로를 선택한다. 그날 나는 성장기에 육신의 아버지와 정서적으로 소원한 관계였고, 더욱이 열네 살 때 아버지를 잃었기 때문에 하늘의 아버지께 마음으로 연결되기가 어려웠다는 것과 그 결과로 내 성취를 하늘의 아버지께 연결되기 위한 다리로 삼았다는 것도 깨달았다.

성취! 나는 그것밖에 몰랐다. 존 엘드리지는 《마음의 회복》에서 어느 날 집안일을 하다가 육신의 아버지와의 관계가 결여된 것을 알았고, 그것이 그의 인생을 규정했다고 말했다.

그날 그는 마당의 스프링클러를 고치고 있었다. 그도 나처럼 손재주가 별로 없었다. 성장기 동안에 아버지가 곁에 있지 않았고 그런 것들을 고치는 법을 아버지에게 배운 적이 없었다. 그러나 남자들은 문제를 스스로 해결하여 독립심을 증명하고 싶어한다.

그는 스프링클러를 수리하면서 몇 차례 잘못을 저질렀고, 속에서 알 수 없는 분노가 들끓어 오르고 있었다. 그의 내면에서 무엇인가 더 깊은 게 움직였다. 그리고 그게 무엇인지 또 왜 그런지 알아낼 필요가 있었다. 그 경험을 한 뒤에 그는 다음과 같은 결론을 내렸다.

그날 아무 결심도 하지 않고 잠자리에 들었다. 안 그랬다면 터져

버렸을 테니까. 그런데 새벽 4시에 무엇인가에 이끌리듯이 깊은 잠에서 깨고 말았다. 그리고 '그것'과 내 모든 불확실한 것이 마주했다. 쿵! 무엇인가에 이끌려 갑자기 잠에서 깼던 것처럼 갑자기 다음과 같은 생각이 나를 덮쳤다.

'제대로 해!'

어쩌면 그것이 내 삶을 규정한 다짐 혹은 저항하기 어려운 무력감일지 모른다.

'너는 이 세상에서 혼자야. 실수할 만한 여유가 없으니 조심하는 게 좋을 거야. 그러니까 제대로 해!'

내 안에 있는 초연한 관찰자는 말한다.

"와우, 엄청나네! 네가 정확히 핵심을 짚었어. 무슨 말이냐 하면 이것이 네 인생을 규정했는데 너는 단 한 번도 말로 표현한 적이 없었다는 거야. 그런데 네가 지금 여기서 그것을 말했어. 그리고 너는 그게 무엇과 관련이 있는지 알고 있어. 그렇지?"

아내는 옆에서 곤히 잠자고, 스프링클러 시스템은 내 머리 옆 창 밖에 처참하게 널브러져 있는 그때, 어두운 침실에 누워 있던 나는 내 삶을 규정한 다짐 혹은 저항하기 어려운 무력(無力)이던 "제대로 해"라는 말이 무엇에 관계된 것인지 알았다. 그것은 내게 아버지가 없는 것과 관련이 있었다.

소년은 남자가 되는 여정에서 배워야 할 것들이 많고 오로지 아

버지의 활동적인 개입과 남자들과의 교류를 통해서만 남자가 된다.[31]

상처 받기 쉬운 마음

육신의 아버지가 유년기의 우리의 삶에 연결되어 있지 않으면 우리는 텅 빈 구석에 홀로 남겨지게 된다. 그래서 정서적으로나 실제적으로 육신의 아버지가 없는 자녀들이 하늘의 아버지와 연결되는 걸 종종 힘들어한다. 내가 인생의 조언자인 그 사람을 통해 하나님의 사랑을 깨닫기 시작한 그즈음에 한 친구가 내게 책을 주었다.

나는 그 책을 통해 하나님 아버지의 무조건적인 사랑과 다른 사람들의 사랑을 받아들이는 과정에서 정말 큰 도움을 받았다. 데이비드 베너(David Benner)의 《사랑에 항복하다》였다. 그는 "우리의 책임 있는 행동은 하나님 아버지의 사랑을 증대시키는 데 아무것도 하지 못하지만 무책임한 행동도 아버지의 사랑을 감소시키는 데 아무것도 하지 못한다!"[32]라는 걸 깨닫게 도와주었다.

하나님께서는 우리를 무조건적으로 사랑하시며, 우리가 마음의 차원에서 그 사랑을 체험하기를 바라신다. 그 책에서 그는 이 개념을 더 분해한다.

사랑이 어떻게 치유를 가져오는지에 대해 지난 30년 간 연구해오면서 배운 가장 중요한 사실은, 사랑을 오직 연약함 가운데 받아들일 때만 변화가 일어난다는 것이다.

내가 하나님의 도움으로 아들을 조건 없이 사랑한다고 가정해보자. 만약 내 아들이 끊임없이 나를 만족시키려고만 한다면 내 사랑의 무조건적인 특성은 드러나지 않을 것이다. 그리고 그는 무조건적으로 깊은 사랑을 받고 있다는 것도 체험하지 못하게 될 것이다. 노력해서 받는 사랑은 더욱 사랑스러운 존재가 되려는 노력을 강화할 뿐이다. 그리고 그렇게 받는 사랑은 모두 자신의 노력에 대한 대가라고 생각하게 될 것이다.

진정한 변화는 연약함을 필요로 한다. 무조건적으로 사랑받고 있다는 사실 자체가 인생을 변화시키는 것이 아니다. 삶을 변화시키는 것은 무조건적인 사랑을 허용하는 모험이다.

역설적이게도, 자기 자신을 있는 그대로 받아들이지 않고는 아무도 변화할 수 없다. 자기를 기만하고 연약함을 감추면 그 어떠한 의미 있는 변화도 일으키지 못한다. 자신을 있는 그대로 받아들일 때 나는 자신의 연약함과 벌거벗은 모습을 당신에게 보일 수 있다. 비로소 그때, 진정 특별하게 당신의 사랑을 받을 기회를 얻게 된다.

자신을 있는 모습 그대로 받아들이고, 벌거벗고 연약한 자아 안에서 사랑을 받아들이는 것은 진정한 변화를 위한 필수 조건이다. 하지만 이것이 얼마나 어려운 것인지를 간과해서는 안될 것이다. 내 안의 모든 것들은 하나님과 다른 사람 앞에서 최고로 '가장된 자아'를 보여주기 원한다. 이것은 내가 만들어내는 거짓된 자아다. 이 자아는 연약함 안에서 사랑을 받아들이려고 하지 않기 때문에 절대로 변화될 수 없다. 이러한 가장된 자아가 사랑을 받게 되면 그 자아는 더욱 강해지고 나는 거짓된 삶의 방식에 더욱 묶이게 된다.

우리 자아는 진실한 사랑을 원하면서도 그 사랑을 얻기 위해 할 수 있는 것이 아무것도 없음을 스스로 알고 있다. 그토록 벌거벗고 빈곤한 자아를 대면한다는 것은 얼마나 두려운 일인가? 문제의 핵심은 하나님의 사랑을 무조건적으로 받아들이지 않기 때문에 하나님의 사랑을 느낄 수 없다는 것이다. 내가 사랑받고 있다는 것을 알기 원한다면 무능력과 연약함이 나의 진정한 상태임을 받아들여야 한다. 그리고 이것은 언제나 두려운 일이다.[33]

나는 조건 없이 자신을 사랑하는 것과 하나님께서 나를 조건 없이 사랑하시기에 충분히 연약해지는 게 얼마나 어려운지 발견했다. 그다음 몇 개월 동안에 나는 하나님의 자녀들을 향한 그분의 사랑을 기술한 성경 말씀을 읽고 묵상했다. 나를 향한 하나님의 사랑에 대하여 개인적인 차원에서 깊이 숙고했고, 점차 받아들이고 믿기 시작했으며 마침내 체험했다.

그런 날들이 지나면서 내가 무엇인가 달라지고 있다는 걸 느꼈다. 전보다 더 밝아지되 덜 격해진 내가 나타나기 시작했고, 나를 잡으려는 성취의 덫이 내 앞에 나타나는 때를 식별할 수 있었다. 나는 다른 사람들을 이전보다 더 잘 참아주었다. 그러나 이제 그건 단순히 인내를 성취하기 위한 게 아니었다.

나는 인내를 성취하려고 다른 사람들을 참아주는 것조차도 성취의 덫이라는 걸 알고 있었다. 다른 사람들과 정서적으로 활발하게 교류하려는 밝은 성격이 내 안에 있다는 걸 느낄 수 있었다. 그리스도께서 내 상처를 치유해주고 계셨고, 다시 내 마음은 치유되고 있었다. 사람들은 달라진 내 모습에 대해 이렇게 평했다. "대하기가 더 편해졌어", "더 부드러워졌어", "더 아버지다워졌어"와 같은 말들이 오갔다.

달라진 나를 시험하는 첫 번째 테스트가 내 딸을 통해서 왔다.

"아빠, 오늘 저녁에 뭐할 거예요?"

당시 이십 대 중반의 딸아이는 독립하여 따로 살고 있었다.

"아빠, 천장에 선풍기를 달아본 적 있어요?"

그 말을 들었을 때 가슴이 철렁 내려앉는 것만 같았다.

'안 돼! 그 끔찍한 천장 선풍기만은 안 돼!'

딸아이의 말 한마디가 과거의 실패에 대한 내 느낌에 방아쇠를 당기는 것 같았다. 물론 나는 천장 선풍기를 여러 번 달아보았다. 그러나 그만큼 많이 실패했고 그럴 때마다 짜증을 내면서 나와 다른 모든 사람들에게 성질을 부리곤 했다. 하필이면 그것이 달라진 나를 시험하는 테스트라니!

나는 가재도구를 수리하는 것에 능숙하지 못했다. 어머니가 집 안의 부서진 가구나 기계를 손봐달라고 부탁하면 시도하기는 했지만 번번이 짜증을 내면서 포기했다. 그것이 내 상처의 원인 중 하나였다. 왜냐하면 내가 아버지에게 배운 적이 없기 때문이었다. 그리고 이는 내가 어른이 되어서도 종종 짜증을 부리는 원인이 되었다.

그래서 나는 그런 일을 마주할 때마다 정서적인 면에서 어린아이로 다시 돌아가곤 했다. 성취를 기준으로 내 인생의 점수를 매긴다면 가재도구 수리 부분에서의 내 성취도 점수는 형편없을 것이다.

나는 딸이 부탁한 천장 선풍기를 설치할지 말지를 놓고 한참 동안 씨름했다. 정말 해주고 싶었으나 그게 얼마나 위험한 것인지 잘 알고 있기 때문이었다. 그러나 그것이 성취의 덫에서 풀려난 나에 대한 첫 번째 테스트라는 걸 알고서 도전에 응하기로 했다.

나는 천천히 시작했다. 일단 딸과 함께 상점에 가서 천장 선풍기를 사서 설치를 시작했다. 아니나 다를까! 실패를 예고하는 신호가 나타났다. 엉뚱한 크기의 나사를 사온 거였다. 딸아이와 함께 다시 상점으로 갔다. 돌아오는 길에 내가 설치 순서를 지키지 않고 엉망으로 만들었다는 걸 깨달았다. 긴장을 풀고 마음을 평온하게 가라앉혔다.

'괜찮아! 평정심을 잃지 말고 여유 있게 하자고!'

나 자신에게 말했다. 설치 작업은 계속되었다. 계속되고 또 계속되었다. 그리고 마침내 네 시간이 지난 뒤에 설치를 완료했다.

"됐어!"

승리의 함성을 질렀다. 스위치를 켜자 선풍기가 잘 돌아갔다. 지금도 나는 실패에 대한 두려움 없이 가재도구를 수리하는 과업을 시작할 준비가 되어 있지는 않다. 그러나 성취에서 벗어나 회복으로 향하는 길을 걷는 중인 것은 확실하다. 하나님께서는 우리가 성취가 아니라 마음의 연결을 통해 서로 관계하기를 원하신다. 우리의 순종의 동기는 하늘의 아버지와 마음이 연결되는 곳에 뿌리를 내려야 한다.

또 새 영을 너희 속에 두고

새 마음을 너희에게 주되

너희 육신에서 굳은 마음을 제거하고

부드러운 마음을 줄 것이며

또 내 영을 너희 속에 두어

너희로 내 율례를 행하게 하리니

너희가 내 규례를 지켜 행할지라

겔 36:26,27

. . .

내가 천국 열쇠를 네게 주리니
네가 땅에서 무엇이든지 매면 하늘에서도 매일 것이요
네가 땅에서 무엇이든지 풀면 하늘에서도 풀리리라

마 16:19

속박에서
자유함으로

⋮

과거를 새 정체성으로
전환시켜라

9

앞에서 우리는 아담과 하와가 에덴에서 하나님과 함께 살았을 때 아버지와 친밀하게 교류하며 사귀었다는 점에 대해 논했다. 그들은 하나님의 아들과 딸로서 땅에서 일어나는 일들을 다스렸고 관리했다. 그들은 옷을 입지 않았지만 부끄러워하지 않았고, 지금까지 그 어떤 인간도 알지 못한 차원의 사랑을 체험했다.

하나님께서는 그들에게 필요했던 모든 것들을 돌봐주셨다. 질병도, 관계의 갈등도, 이기심도, 범죄도 없었고 환경은 언제나 아름다웠다. 죄로 더럽혀지지 않은 하나님의 세상이었다. 죄가 없는 세상이 어땠을지 잠깐 상상해보라. 분명 믿기 어려울 만큼 아름다웠을 것이다.

그러나 그들이 죄를 범한 순간에 하나님의 총애를 받는 아들과 딸의 자리에서 고아의 자리로 내려갔다. 그들과 하나님 사이에는 벽이 생겼고, 그 벽이 허물어지기 전까지 그들은 동물의 피를 제물로 바쳐야 하나님 앞에 나아갈 수 있었다. 또 어쩔 수 없이 무화과나무의 잎사귀를 이용하여 그들의 부끄러움 뒤에 숨어야 했다. 이후에 오직 제사장만이 인간의 죄를 대신하여 동물의 생명을 제물로 바치기 위해 하나님 앞에 나아갈 수 있었다.

첫 언약에도 섬기는 예법과 세상에 속한 성소가 있더라

예비한 첫 장막이 있고 그 안에 등잔대와 상과

진설병이 있으니 이는 성소라 일컫고

또 둘째 휘장 뒤에 있는 장막을 지성소라 일컫나니

금 향로와 사면을 금으로 싼 언약궤가 있고

그 안에 만나를 담은 금 항아리와

아론의 싹난 지팡이와 언약의 돌판들이 있고

그 위에 속죄소를 덮는 영광의 그룹들이 있으니

이것들에 관하여는 이제 낱낱이 말할 수 없노라

이 모든 것을 이같이 예비하였으니

제사장들이 항상 첫 장막에 들어가 섬기는 예식을 행하고

오직 둘째 장막은 대제사장이 홀로 일 년에 한 번 들어가되

자기와 백성의 허물을 위하여 드리는 피 없이는 아니하나니

성령이 이로써 보이신 것은 첫 장막이 서 있을 동안에는

성소에 들어가는 길이 아직 나타나지 아니한 것이라

이 장막은 현재까지의 비유니 이에 따라 드리는 예물과

제사는 섬기는 자를 그 양심상 온전하게 할 수 없나니

이런 것은 먹고 마시는 것과 여러 가지 씻는 것과 함께

육체의 예법일 뿐이며 개혁할 때까지 맡겨둔 것이니라

히 9:1-10

이에 성소 휘장이 위로부터 아래까지 찢어져

둘이 되고 땅이 진동하며 바위가 터지고

무덤들이 열리며 자던 성도의 몸이 많이 일어나되

마 27:51,52

그러나 예수님이 십자가에서 못 박히셨을 때 인간이 하나님께 직접 나아가는 게 회복되었다. 제사장과 동물의 피가 더 이상 필요하지 않았다. 예수님은 우리가 하나님과의 관계를 회복하고, 그분의 자녀된 신분으로 되돌아가게 하는 다리가 되셨다.

위에 인용한 말씀들은 하나님과 인간 사이에 수천 년 동안 존재했던 분리의 벽을 허무는 것에 관한 정말 강력한 묘사다. 또 하나님 아버지께서 우리와 하나님 사이의 장막을 걷어주는 이타적인 행위로 우리에게 실증해주신 사랑에 대한 정말 강력한 묘사다.

그리스도께서는 장래 좋은 일의 대제사장으로 오사

손으로 짓지 아니한 것 곧 이 창조에 속하지 아니한

더 크고 온전한 장막으로 말미암아

염소와 송아지의 피로 하지 아니하고

오직 자기의 피로 영원한 속죄를 이루사

단번에 성소에 들어가셨느니라

염소와 황소의 피와 및 암송아지의 재를

부정한 자에게 뿌려 그 육체를 정결하게 하여

거룩하게 하거든

하물며 영원하신 성령으로 말미암아 흠 없는 자기를

하나님께 드린 그리스도의 피가

어찌 너희 양심을 죽은 행실에서 깨끗하게 하고

살아 계신 하나님을 섬기게 하지 못하겠느냐

이로 말미암아 그는 새 언약의 중보자시니

이는 첫 언약 때에 범한 죄에서 속량하려고 죽으사

부르심을 입은 자로 하여금

영원한 기업의 약속을 얻게 하려 하심이라

히 9:11-15

예수님의 대리인

하나님께서는 수천 년의 세월이 지난 뒤에 인간의 죄에 대한 치료제를 공급해주셨다. 그분은 사람의 몸으로 세상에 오시어 아담과 하와의 죄뿐만 아니라 이후의 모든 인간들이 지은 죄를 대신하여 십자가에서 죽기로 결정하셨다.

누가복음 19장 10절은 "인자가 온 것은 잃어버린 자를 찾아 구원하려 함이니라"라고 우리에게 말한다. 영어 성경(KJV)에는 이 구절이 "For the Son of man is come to seek and to save that which was lost"라고 되어 있다. 이 구절에 사람만을 선행사로 받는 관계대명사 'who'가 쓰이지 않고, 사람과 사물 둘 다를 지칭하는 지시대명사 'that'이 쓰인 점을 주목하라.

예수님은 에덴동산에서 잃어버렸던 모든 걸 되찾으셨다. 거기에는 하나님의 아들과 딸로서 인간과 하나님의 관계를 회복시키는 것, 예수님이 기도하셨던 그대로 하늘을 땅에 가져오는 권세, 성경에 기록된 7,500가지 이상의 약속을 땅에서 집행하는 게 포함되었다. 그리고 이제 신자들은 예수님처럼, 그분이 하셨던 그대로 이 땅에서 사탄의 일을 파괴하는 능력을 갖게 되었다.

우리는 예수님의 하나밖에 없는 대리인이요, 그분이 다시 오시는 그날까지 하늘에서 이 땅에 파견한 대표들이다. 사탄은 우리를 계속 포로로 잡아두려고 이런저런 습관과 중독과 용서하지 않는 마음과 무수한 다른 죄의 감옥을 고안해냈다.

그러나 예수님은 우리를 가두고 있는 '사탄의 속박'이라는 감옥 문을 열 수 있는 하나님나라의 열쇠를 우리에게 주셨다.

내가 천국 열쇠를 네게 주리니

네가 땅에서 무엇이든지 매면 하늘에서도 매일 것이요

네가 땅에서 무엇이든지 풀면 하늘에서도 풀리리라

마 16:19

예수께서 열두 제자를 불러 모으사

모든 귀신을 제어하며

병을 고치는 능력과 권위를 주시고

눅 9:1

너는 이것을 말하고 권면하며 모든 권위로 책망하여

누구에게서든지 업신여김을 받지 말라

딛 2:15

하나님께서는 오늘의 사람들과 문화를 위해서 무너진 곳을 막아서라고 우리에게 명하신다. 우리는 속박의 감옥 문을 열 수 있는 권세를 발휘해야 한다.

이 땅을 위하여 성을 쌓으며

성 무너진 데를 막아서서

나로 하여금 멸하지 못하게 할 사람을

내가 그 가운데에서 찾다가 찾지 못하였으므로

겔 22:30

예수님은 제자들에게 줄 새로운 수단이 판도를 바꾸는 요인이
될 거라고 말씀하셨다. '성령'이었다. 그것은 이미 전국에서 가장
우수한 미식 축구 팀에 가장 빼어난 스타 쿼터백(미식축구에서 전방
에 있는 공격수에게 전진 패스를 해주는 가장 중요한 포지션)이 가세하
는 것과 같고, 세상에서 가장 빠른 자동차의 출력을 백배로 늘려
주려고 슈퍼 엔진을 장착하는 것과 같았다. 사탄과 하는 싸움의
전세는 이미 우리 쪽으로 기울게 되어 있다.

앞에서 말했던 사탄의 3대 거짓말을 기억하는가?

1. 당신은 환경을 어떻게 할 힘을 갖고 있지 않다.
2. 당신은 부당한 하나님의 희생자다.
3. 당신이 이 땅에서 고통을 당하게 하기 위해 하나님은 당신을 이
   땅에 버리셨다.

전부 다 새빨간 거짓말이다. 우리는 진리를 알고 있다. 그리고
진리가 우리를 자유롭게 한다(요 8:32). 사실 예수님은 "너희가 나
보다 훨씬 더 강해질 것이다"라고 말씀하신다.

내가 진실로 진실로 너희에게 이르노니

나를 믿는 자는 내가 하는 일을 그도 할 것이요

또한 그보다 큰일도 하리니

이는 내가 아버지께로 감이라

요 14:12

당신과 내 안에 무엇이 있는지 아는가? 성령님이 계시다! 이 땅에서 예수님을 대리하는 이들로서 우리의 임무는 사탄의 일을 파괴하고 포로들을 자유롭게 풀어주는 것이다.

죄를 짓는 자는 마귀에게 속하나니

마귀는 처음부터 범죄함이라

하나님의 아들이 나타나신 것은

마귀의 일을 멸하려 하심이라

요일 3:8

우리는 이 땅에서 예수님의 관심사를 집행해야 한다.

주 여호와의 영이 내게 내리셨으니

이는 여호와께서 내게 기름을 부으사

가난한 자에게 아름다운 소식을 전하게 하려 하심이라

나를 보내사 마음이 상한 자를 고치며

포로된 자에게 자유를, 갇힌 자에게 놓임을 선포하며

여호와의 은혜의 해와 우리 하나님의 보복의 날을 선포하여

모든 슬픈 자를 위로하되

사 61:1,2

하나님께서 십자가 죽음을 통해 예수님을 하늘의 아버지께 이르게 하셨다. 그로 인해 하나님께서 우리를 위해서 행하신 일이 무엇인지 이해할 수 있을 것이다. 또한 하나님께서는 성령을 통해 우리에게 권세를 주셨다. 이제 사탄에게 속박되어 있는 감옥 문을 열고, 거기에 갇힌 사람들을 풀어주라!

• • •

진리를 알지니 진리가 너희를 자유롭게 하리라

요 8:32

유혹을 벗어나
승리로

:

하나님 자녀로서의 신분을
되찾아라

10

원수 사탄의 음모를 이해했으니 이제는 합법적으로 우리의 소유를 위해서 싸워야 한다. 우리를 파괴하려는 공격이 누구에게서 비롯되고, 그 뒤에 있는 거짓말을 이해하는 순간에 치유와 승리의 과정을 시작할 수 있다.

예수님은 우리의 치유자이시며 해방자이시다. 우리의 상황에 대해 정확히 아는 게 치유를 향한 첫 걸음이다. 진리가 우리를 자유롭게 하기 때문이다. 시편 기자는 하나님께서 상심한 자들을 고치시며 그들의 상처를 싸매주신다고 말한다(시 147:3).

우리가 진리라고 인식하는 것들이 종종 우리의 삶을 패배시킨다. 우리가 인식하는 것이 언제나 사실은 아니다. 그래서 참이라고 인식하는 것을 성경의 진리로 확인해야 한다. 우리에 관한 사탄의 거짓말을 믿으면 그것에 근거하여 이런저런 결정을 하게 된다. 그러나 우리는 변화된 마음을 가져야 한다.

너희는 이 세대를 본받지 말고
오직 마음을 새롭게 함으로 변화를 받아
하나님의 선하시고 기뻐하시고 온전하신 뜻이
무엇인지 분별하도록 하라

롬 12:2

사탄의 거짓말이 아니라 우리의 상황에 관한 진리와 하나님께서 우리를 어떤 시각으로 보시는가 하는 걸 토대로 움직여야 한다.

당신의 과거를 새로운 시작으로 변혁시켜라.

기억하라! 하나님께서는 당신이 과거에 저지른 잘못이나 현재 상태가 아니라 언제나 구속하신 목적의 관점에서 당신을 보신다. 당신은 그리스도 예수 안에서 창조된 하나님의 작품이다. 당신이 누구인지를 다른 사람들이 정의하게 하는 순간 그들은 당신 삶의 우상이 된다.

예수님만이 당신이 누구인지를 정의하는 권세를 가진 유일한 분이시다. 당신의 신분은 무조건적인 사랑으로 당신을 사랑해주시는 하늘 아버지의 아들과 딸이다. 그 사랑을 체험하는 게 사탄의 속박에서 벗어나 자유로운 삶을 사는 데 결정적으로 중요하다.

앞에서 사람들이 하나님의 사랑을 알고 체험하기를 마음 깊이 원하지만 그렇게 하지 못해서 여러 중독에 빠지고, 자신들의 고통을 약물로 치료하려고 한다고 말했다. 그들 중에 많은 이들은 하나님의 사랑을 받을 만한 일을 꼭 성취해야만 그분이 사랑해주신다고 믿는다.

이는 하나님의 자녀들에게 종교적인 굴레를 씌우려고 하는 사탄의 거짓말이다. 사탄은 우리가 하나님의 사랑을 알지 못하거나 체험하지 못한 상태에서 영적 고아로 살아가기를 원한다. 여러 종류의 중독은 사랑과 친밀함을 사칭하는 사기꾼이다.

과거를 압도하는 승리

성경 말씀의 진리를 따라서 우리의 마음을 새롭게 변화시키면 치유된 마음을 향하여 나아갈 수 있다. 그러나 머리로 아는 것만으로는 치유되지 않는다. 우리의 삶에 관한 진리를 배우는 것과 하늘 아버지의 사랑과 함께하심을 서로 결합시키는 게 치유를 받으며, 과거를 압도하는 승리를 하며, 능력 안에서 걷기 시작하는 방법이다.

우리가 지금 과거를 새로운 시작으로 바꾸는 것에 관해 말하고

있다는 걸 기억하라. 그것은 마음을 새롭게 하고 하나님 앞에서
시간을 보냄으로써 시작된다.

주께서 생명의 길을 내게 보이시리니
주의 앞에는 충만한 기쁨이 있고
주의 오른쪽에는 영원한 즐거움이 있나이다

시 16:11

유년기의 성적 혹은 신체적 학대로 정서적으로 심각한 충격을
경험한 적이 있다면 치유를 받을 수 있도록 도와줄 훈련받은 조정
자나 전문적인 상담사가 필요할지도 모른다. 하나님께서는 그런
상황에 처한 사람들을 전문적으로 도와주는 자신의 종들을 많이
갖고 계시다.

나는 지금까지 인생의 여정에서 성취, 일중독, 수치심, 거절감,
그 밖에 많은 장애로부터 자유를 얻었다. 그것이 다 어디에서 비
롯된 것인지 알았을 때 풀려날 수 있었다.

또한 세대를 통해 전해지는 불법의 뿌리를 버림으로써 열린 문
을 닫아야 했다. 그 뿌리로 인해 불법이 내 삶에 들어와 잘못된 확
신과 행동을 하게 하기 때문이다(저자는 불법과 죄를 구별하여 불법
을 '죄의 뿌리' 혹은 '동기'로 본다-역자 주).

이기는 사람

하나님께서는 진리를 내 상황에 적용하는 법을 배우게 하셨고, 내 마음을 새롭게 해주셨다.

한 가지 예로, 나는 내가 일중독자라는 것과 그 뿌리가 물질적으로 필요한 걸 공급하는 것에 대한 두려움이라는 걸 깨달았다. 그것은 내가 열네 살 때 아버지가 사고로 세상을 떠난 뒤에 내 삶에 들어왔다. 생명 보험회사는 아버지의 보험금을 지불하지 못했고 결국 우리 가족은 재정적으로 심각한 타격을 받았다.

내가 열다섯 살에서 열일곱 살 사이에는 특정한 용도로 돈이 필요하다고 어머니에게 말하면 어머니는 "그런 곳에 돈을 쓸 만큼 여유가 없어"라고 대답하곤 했다. 그것은 사탄의 거짓말이 내 삶에 들어오게 해주는 열린 문이 되었다. 나는 그것을 따라서 "뭐든지 내가 다 알아서 해야 돼! 나 말고는 그 누구도 나를 위해서 공급해주지 못해. 이런 가난을 다시는 겪지 않겠어"라고 말했다.

그것은 무슨 일을 하든지 성공을 보장하려고 열심히 하려는 마음이 들었다. 그러나 내가 열심히 일한 까닭은 물질을 충분히 갖지 못하는 게 두렵기 때문이었다. 1930년대 경제 대공황을 겪은 사람들의 사고방식과 동일했다. 그들은 그런 일을 다시는 겪기를 결코 원하지 않았고, 두려움 때문에 돈을 모았다.

그러나 하나님의 사랑을 깨달은 뒤에는 일주일에 55시간에서 60시간씩 일하는 대신에 40시간씩 일했다. 엄청난 변화였다. 사탄의 견고한 진과 내 습관을 깨뜨리라고 요구하는 내 믿음의 행위였다. 당시 나는 "하나님은 제게 필요한 것들을 공급해주시는 원천이십니다. 당신이 공급해주시리라 믿습니다. 모든 두려움을 버리고 당신이 제 공급자이시라고 단언합니다"라고 고백했다. 나는 생각이 바뀌었다는 걸 실제 행동을 통해 명백하게 입증해야 했다.

어떤 생각이 당신의 마음에 들어올 때마다 질문해야 한다.

"누가 이런 말을 한 거지?"

그리고 그 생각이 하나님의 말씀과 일치하지 않으면 거부해야 한다. 그 생각을 향하여 큰 소리로 말하라.

"예수의 이름으로 너를 거부한다!"

하나님의 말씀에서 깨달은 진리를 인용하라. 예수님도 그렇게 하셨다. 40일 금식을 하실 때 사탄이 와서, 자기에게 절하고 경배하기만 하면 필요한 것들을 채워줄 수 있고, 십자가 희생의 삶이 아니라 영광의 삶을 살아가게 해줄 수 있다고 설득했다. 그때 예수님은 "기록되었으되 사람이 떡으로만 살 것이 아니요 하나님의 입으로부터 나오는 모든 말씀으로 살 것이라 했느니라"(마 4:4)라고 대답하셨다.

예수님은 사탄이 하는 말이 하나님께 오지 않았다는 걸 아셨다. 그래서 거부하셨고, 사탄에게 말씀의 진리를 큰 소리로 선포하셨다. 사탄은 자기가 쳐놓은 덫에 예수님이 걸리지 않으시리라는 걸 깨달은 뒤에 그분을 떠났다.

하나님께서는 당신이 온전해지기를 원하시며, 당신을 이기는 사람으로 만드셨다.

> 그러나 이 모든 일에 우리를 사랑하시는 이로 말미암아
>
> 우리가 넉넉히 이기느니라
>
> 내가 확신하노니 사망이나 생명이나 천사들이나
>
> 권세자들이나 현재 일이나 장래 일이나 능력이나
>
> 높음이나 깊음이나 다른 어떤 피조물이라도
>
> 우리를 우리 주 그리스도 예수 안에 있는
>
> 하나님의 사랑에서 끊을 수 없으리라
>
> 롬 8:37-39

당신을 향한 하나님의 사랑의 깊이와 너비를 깨달을 때, 로마서에 언급된 장애들이 하나님의 자녀로서 당신의 삶에 합당한 지휘권을 넘겨주고 물러나기 시작할 것이다. 바울은 에베소서에서 다음과 같이 말하며 우리가 이를 체험하게 되기를 기도했다.

그의 영광의 풍성함을 따라 그의 성령으로 말미암아

너희 속사람을 능력으로 강건하게 하시오며

믿음으로 말미암아

그리스도께서 너희 마음에 계시게 하시옵고

너희가 사랑 가운데서 뿌리가 박히고 터가 굳어져서

능히 모든 성도와 함께

지식에 넘치는 그리스도의 사랑을 알고

그 너비와 길이와 높이와 깊이가 어떠함을 깨달아

하나님의 모든 충만하신 것으로

너희에게 충만하게 하시기를 구하노라

엡 3:16-19

마지막으로 당신이 삶의 어떤 영역에서 사탄을 압도하고 승리
하면 바로 그 영역에서 다른 사람들을 사탄의 속박에서 풀어줄 수
있다고 말하고 싶다. 당신이 그 영역에서 다른 사람들을 자유롭게
하는 권세를 얻었으므로 하나님께서 당신을 다른 사람들의 삶에
서 들어 쓰실 것이다. 그 권세는 당신이 하나님께 물려받은 유산
이다.

고대 프리기아(Phrygia) 왕국에는 적(敵)을 정복할 때마다 그의
신체적인 힘을 흡수하여 자신의 힘과 용맹에 보탠다는 전설이 있

었다.[34] 마찬가지로 사탄의 유혹에 부딪쳐서 승리하면 그것이 우리의 영적인 힘과 장비를 두 배로 증대시킨다. 따라서 우리의 원수 사탄을 물리칠 뿐만 아니라, 그를 포박하여 우리 편 대열에서 싸우게 하는 것도 가능하다.

하나님께서 그분의 영광을 위해 계획하신 당신 삶의 모든 모습을 이루어드리기를 바란다!

후주

.
.
.

1) **Dr. Paul Hegstrom, Broken Children, Grown Up Pain,** Beacon Press, Kansas City, MO 2001, 2006, p. 22.
2) **Craig Hill, If God Is In Control then Why ... ?** Family Foundations, Littleton, CO 2008, p. 185-189.
3) **Barna Research,** http://www.barna.org/faith-spirituality/260-most-american-christians-do-not-believe-that-satan-or-the-holy-spirit-exist?q=satan+realy, 2009.
4) **C. S. Lewis, Screwtape Letters,** Barbour Publishing, Uhrichsville, OH, 1992, p. 31.
5) **Henry Wright, Addictions, Be in Health,** Thomaston, GA 2007, p. 5
6) **Craig Hill, Bondage Broken,** Family Foundations International, Littleton, CO 1987. p. 7,8.
7) **Mike and Sue Dowgiewicz, Demolishing Strongholds,** Boulder, CO p. 24.
8) **Mark Kirk and Hunter Madsen, After the Ball: How America Will Conquer Its Fear and Hatred of Gays in the 90's,** New York: Plume, 1990, p. 27.
9) **Gordon Dalbey, Healing the Masculine Soul,** Thomas Nelson Publishers, Nashville, TN 2001, p. 97.
10) **Danny Wallace,** 2012, www.DannyWallace.com
11) **Craig Hill, The Power of a Parent's Blessing,** Charisma Publishing, Chapter 4 pre-pub manuscript, Lake Mary, FL.
12) **Gordon Dalbey, Healing the Masculine Soul,** Thomas Nelson Publishers, Nashville, TN 2001, p. 151.
13) **Dr. Paul Hegstrom, Broken Children, Grown Up Pain,** Beacon Press, Kansas City, MO 2001, 2006 p. 48.
14) **Gene Edwards, A Tale of Three Kings,** Tyndale House Publishers, Wheaton, IL 1980, p. 39.
15) **Dr. Paul Hegstrom, Broken Children, Grown Up Pain,** Beacon Press, Kansas City, MO p. 114.
16) **John Eldredge, Wild at Heart,** Thomas Nelson Publishers, Nashville, TN 2001, p. 150.
17) **John Eldredge, Wild at Heart,** Thomas Nelson Publishers, Nashville, TN 2001, P. 150.

18) David Benner, **Surrender to Love**, Intervarsity Press, Downers Grove, IL 2003, p. 77.

19) Paul Hegstrom, **Broken Children, Grown Up Pain**, Beacon Press, Kansas City, MO P. 100.

20) Goddon Dalbey, **Healing the Masculine Soul**, Thomas Nelson Publishers, Nashville, TN 2001, p. 20.

21) Goddon Dalbey, **Healing the Masculine Soul**, Thomas Nelson Publishers, Nashville, TN 2001, p. 22.

22) Goddon Dalbey, **Healing the Masculine Soul**, Thomas Nelson Publishers, Nashville, TN 2001, p. 81.

23) Goddon Dalbey, **Healing the Masculine Soul**, Thomas Nelson Publishers, Nashville, TN 2001, p. 96.

24) Paul Olsen, **Sons and Mothers**, Fawcett Publishers, 1982, p. 41.

25) Ken Nair, **Discovering the Mind of a Woman**, Thomas Nelson, Nashville, TN 1995. p. 146.

26) John Eldredge, **Wild at Heart**, Thomas Nelson Publishers, Nashville, TN 2001, p. 184.

27) Goddon Dalbey, **Healing the Masculine Soul**, Thomas Nelson Publishers, Nashville, TN 2001, p. 151.

28) http://blog.zap2it.com/thedishrag/2009/12/report-tiger-woods-father-earl-woods-was-unfaithful-too.html.

29) Larry Crabb, **Shattered Dreams**, Waterbrook Press, Colorado Springs, CO 2001. p. 95.

30) John Eldredge, **Sacred Romance**, Thomas Nelson Publishers, Nashville TN 1997, p. 130.

31) John Eldredge, **Wild at Heart**, Thomas Nelson Publishers, Nashville, TN 2001, p. 227.

32) David Benner, **Surrender to Love**, Intervarsity Press, Downers Grove, IL 2003, p. 20.

33) David Benner, **Surrender to Love**, Intervarsity Press, Downers Grove, IL 2003, p. 76.

34) **Source for ancient legend of Phrygians** http://www.backtothebible.org/indes.php/component/option.com_devotion/qid,6/task,show/resource_no,13/Itemid,75/

내 마음 살리기

초판 1쇄 발행	2015년 7월 6일
지은이	오스 힐먼
옮긴이	배웅준
펴낸이	여진구
책임편집	4팀 | 김아진, 김소연
편집	1팀 | 이영주, 김수미 2팀 | 최지설, 김나연 3팀 | 안수경, 유혜림
책임디자인	마영애, 오순영 | 이혜영, 전보영

기획 · 홍보   이한민   해외저작권   김나은
마케팅   김상순, 강성민, 허병용, 이기쁨   마케팅지원   최영배, 이명희
제작   조영석, 정도봉   경영지원   김혜경, 김경희

이슬비전도학교   최경식, 전우순   303비전성경암송학교   박정숙, 정나영, 정은혜
303비전장학회 & 303비전꿈나무장학회   여운학

펴낸곳   규장

주소 137-893 서울시 서초구 매헌로 16길 20(양재2동) 규장선교센터
전화 02)578-0003   팩스 02)578-7332
이메일 kyujang@kyujang.com   홈페이지 www.kyujang.com
트위터 twitter.com/_kyujang   페이스북 facebook.com/kyujangbook
등록일 1978.8.14. 제1-22

규 | 장 | 수 | 칙

1. 기도로 기획하고 기도로 제작한다.
2. 오직 그리스도의 성품을 사모하는 독자가 원하고 필요로 하는 책만을 출판한다.
3. 한 활자 한 문장에 온 정성을 쏟는다.
4. 성실과 정확을 생명으로 삼고 일한다.
5. 긍정적이며 적극적인 신앙과 신행일치에의 안내자의 사명을 다한다.
6. 충고와 조언을 항상 감사로 경청한다.
7. 지상목표는 문서선교에 있다.

하나님을 사랑하는 자 곧 그의 뜻대로 부르심을 입은 자들에게는 모든 것이 合力하여 善을 이루느니라(롬 8:28)

규장은 문서를 통해 복음전파와 신앙교육에 주력하는 국제적 출판사들의
협의체인 복음주의출판협회(E.C.P.A:Evangelical Christian Publishers
Association)의 출판정신에 동참하는 회원(Associate Member)입니다.